# 宇宙におまかせで願いを叶える本

大木ゆきの

三笠書房

もしかして、今まで気づいてなかったかもしれないけれど……

**あなたって、実はかなり「運のいい人」です。**

何しろ、数多(あまた)ある本の中で、

**「望むことは、叶うようにできている」という秘密**

を教えてしまう本を手にとっているのですから！

あなたが、自分の**「魂の望み」**に気づいた瞬間、その願いの実現に向けて、カチッとスイッチが入ります。

そして、天からロープが降りてくるように、素晴らしい出会いや、思いもかけないチャンスに恵まれます。自分でもビックリするほどのタイミングや流れで、望むことが実現していってしまうのです。

「そんなにうまいこといかないと思うけど……。

今まで、いろんなことを願ってきたけれど、仕事にしても、人間関係やお金のことにしても、自分の願いって、あんまり叶ってこなかったよ。願うだけで叶うなんて、ムシがよすぎる話じゃない？」

と、首をかしげているあなた。

この本では、

**「あなたの願い事がどうして、今まで叶わなかったのか」**

**その本当の理由をお教えします。**

ひとつには、深いところで、

「自分には、それを受け取るだけの価値がない」

と思っていたこと。

でもね、もっと大きな理由がある。

それはあなたが、

**「魂の望み」ではないものを追いかけているから。**

私たちはまず、育つ過程で、親に**「こういう人間になるべきだ」**という価値観を刷り込まれます。

それは、人間として社会で生きていくためには必要なことでもあるのですが……。

さらに学校に入ると、成績のいい優等生が価値のある人間だと思い込まされる。あるいは、生徒たちの間でもてはやされる人がいて、自分もそういう人にならないと幸せになれないと思うようになります。

社会人になったらなったで、業績を上げる人や出世できる人が価値のある人だと思い込み、そんな人を目指そうとします。

こうして知らず知らずのうちに、人や社会の求める人物や、もてはやされる人物のようになることばかりに気を取られ、自分が心の底から望むこと……つまり、**「魂の望み」**は顧(かえり)みられなくなっていきます。

でも、**よ〜く考えてみてください。**

自分に合わないことや、本当は望んでもいないことを頑張るなんて、**めちゃくちゃ、しんどくないですか？**

だから、これまでどんなに必死にやっても、うまくいかなかったんです。

でも、実はこれって、あなたを創造した**宇宙の恩寵**（おんちょう）でもあるってご存じでしたか？

「おいおい、そっちじゃないぞ‼」

と教えてくれていたってこと。

つまり、一見うまくいっていないように見えていたけれど、**これはこれでうまく**

**いっていた**ということなんです。

じゃあ逆に、自分の「魂の望み」を知ったらどうなるのか？

実は、**そこから人生の流れが変わり、なぜか楽にうまくいくようになる。**

そして、**生きることが面白くてたまらなくなるんです。**

これは私が実際に体験したことでもあります。

私も、ず～っと魂の望みではないものを追いかけていました。

親や社会が求める人物になろうと、必死で頑張っていました。

そんな状況の中、当時勤めていた職場のパワハラが重なり、とうとう体を壊して入院し、最悪の状態になりました。今から思えば、宇宙から……

**「そっちじゃないぞ！**

**いい加減に気づけ～！」**

って言われていたんでしょうね。けれども当時の私は、それが宇宙の恩寵だなんて、これっぽっちも思えませんでした。

だけど、そこまで追い込まれてやっと決断できました。

**「ここから先の人生は、本当にやりたいことをやりたいようにやろう」と。**

すると不思議ですね。タイミングよく会社に早期退職制度ができ、残っていた住宅ローンも、退職後に学びたいことを学ぶ費用も、新しいことを始める準備が整うまでの生活費も十分に賄（まかな）えるほどの退職金を受け取ることができました。

**「そうそう、こっちでいいんだよ！」**と、宇宙が大手を振って、応援してくれていたのだと思います。

今では心の底から満たされ、自由で豊かな毎日を送っています。

「あんなにうまくいかずに、苦しんでいた日々は一体何だったのだろう？」

振り返ってみたときに気づいたんです。

そうか！　**自分の魂の望みを生きればよかったんだ**って。

人の期待に応えようとしたり、自分の魂の望みではないものを追いかけたりしても、うまくいかないようにできています。

私は苦しんでいた時代も、自分の望みなんてわかっているつもりでいました。

その望みが叶わないから苦しいのだと思っていました。

でも、そうではありませんでした。

自分の価値観ではなく、他人の価値観で生きていた。

だから、人生がうまくいかなかったんです。

もしも今、あなたの人生がうまくいっていないのだとしたら、きっと、魂の望みとは違うものを追い求めているからです。

人は、なかなかそのことに気づかない。

だから、この本を書くことにしました。

この本を読んで、**あなたが長いことやってきた勘違いを終わらせてください。**

そして、**「自分が心から望んでいる生き方をしよう！」と決めて、その通りに生きることを自分に許してあげてください。**


この本では、あなたの勘違いや誤解を少しずつ解き、「魂の望み」に辿(たど)り着けるようじっくりとレクチャーしていきます。

ひとつひとつ腑(ふ)に落とし、どんどん自由になっていってくださいね。

大木ゆきの

もくじ contents

# 1章 あなたの魂が望むことは本当にすべて叶います！

## ——心にエネルギーが充満してくる生き方

# 2章 「自分らしさ」の核はどこにある？

## ――「他人の価値観」にふりまわされない生き方

# 「勝手にうまくいく体質」は作れる！

## ——内側から輝き、ミラクル連発☆

# 4章 あなたの「まっさらな心」が本当に望んでいること
## ――心からくつろげるライフスタイルの見つけ方

# 5章 感情を手がかりに「魂の望み」にアクセス！
## ――どんな気持ちも「自分を知る羅針盤」になる

# 6章 次から次へと望みを叶えるコツ

## ——やがて来る「転換点」で大躍進するために

# 7章 人生に「快進撃」を起こし続ける！

## ——いざ、魂が「ＹＥＳ」というほうへ



本文イラストレーション——mutsumi

# 1章

# あなたの魂が望むことは本当にすべて叶います！

## ――心にエネルギーが充満してくる生き方

# 宇宙からの「大いなるサポート」を受けるには

私は、この**世界の創造の源を「宇宙」**と呼んでいます。
あなたに最初に理解してほしいこと。
それは、あなたがその宇宙にこよなく愛されているということです。

もしかしたらこれまで、「誰も私のことなんて愛してくれない」とか、「誰もわかってくれない」と心のどこかで思っていませんでしたか？
だから誰かに愛してほしくて、その人の望むような人間になろうとした。でもそれは、とても苦しく切ない道のりだったはず。だって、愛され認められるには、自分の本当の望みから目を逸（そ）らして、相手の要求に応えなければならないから。

だけど、誰だって本当は無条件に愛されたいですよね。どこかにそんなふうに受け容れてくれる人はいないだろうかと思いながらも、「そんなのは、どうせ無理」と溜め息をついて生きてきたかもしれません。

でもね、あなたがずっと探し求めてきた「無条件の愛」は、実は最初から手に入っていたのです。

宇宙はどんなときも、どんなあなたのことも愛しています。何があっても、**宇宙だけは絶対にあなたを見放さない**。

「私の気持ちなんて誰もわかってくれない」と一人で泣いているときも、宇宙だけはちゃんと耳を傾けているし、あなたの気持ちを理解してくれています。

宇宙はね、あなたの魂が誕生してから今日までの「すべての履歴」を知っているんです。だから、**どうすれば最速かつ最善の形で幸せになれるのか**も、すっかり見抜いています。

どういう経験や出会いが必要なのかも「すべてお見通し」。そして、あなたの見えないところで、そのセッティングもしています。

だからときには、「どうしてこんな経験をさせるの？」と、恨み言のひとつも口にしたくなることがあるかもしれません。

でもその経験が、あなたに必要なものであるならば、手加減なしにその経験をするように仕組んでくるのです。

また、あなたが進むべきではない方向に進んだら、先々に壁を作って、それ以上進めなくすることもあります。それは、愛するあなたを守りたいからです。

## 自分の想像を「はるかに超えた」流れがある

そんなことを言われても、「とてもじゃないけれど、信じられない」と思うかもしれませんね。そして、

「宇宙なんかの好きにさせてたまるもんか！　どうにかしてこの世界を自分の思い通りにコントロールしてやる！」

と躍起になるかもしれません。

でも、ちょっと振り返ってみてください。

これまで、**自分の思い通りに人生をコントロールするなんてこと、できていましたか？**

一時的にどうにかなっても、たぶん続かなかったでしょ？

せっかく「そっちじゃないよ」というメッセージが届いているのに、それに逆らって自分のエゴをゴリ押ししても、うまくいくわけがないし、うまくいかなくていいんです。

そもそも、宇宙の愛し方は、人間が想像する愛の範疇(はんちゅう)をはるかに超えています。

「自分の思い通りにしてやる～」

と、エゴが本当の望みを無視して突っ走っても、だからといって罰したり、

「なんて、愚かな奴なんだ。こんな奴は、もう相手にしない」

と見放したりはしません。

何らかの幸運を与えたとしても、その見返りを求めたりもしません。
あなたに対して、条件を課すこともなく、いつでも、どんなときでも、あなたが自分の「本当の望み」に気づくために刺激を与え、そのことに気づくまで気長に待ち、ただひたすらに応援してくれているのです。

## 「あなた」と「宇宙」は別物ではありません

どうして宇宙がそんなにもあなたのことを、こよなく愛しているのか?
それは、創造の源である宇宙とあなたが別物ではないからです。

あえてあなたと宇宙との関係を表現するとしたら、

**宇宙**
**≧**
**あなた**

となります。

つまり、人間のあなたには、宇宙と比べれば限界があるけれど、それでも宇宙はあなたであり、あなたは宇宙でもあると言えるのです。

「あなたの痛み」は「宇宙の痛み」でもあり、「あなたの幸せ」が「宇宙の幸せ」でもあるということです。だから、誰よりもあなたの気持ちをわかっているし、どんなものをも超えてあなたを愛しています。

そして、あなたは決して頼りない非力な存在ではなく、**本質的には宇宙とひとつの無限なる存在**なんです。

実は、私たちは生まれてくるときに、宇宙とひとつであることを一旦忘れて生まれてきます。そして、無限なる宇宙と切り離された頼りない「個」ならではの葛藤や混乱、心もとない思いを体験します。そんなふうに「個」の頼りなさを味わう経験を経ながら、やがて自分が無限なる宇宙とひとつであることをしっかりと思い出せるように導かれていきます。

なぜわざわざそんな体験をするのかというと、宇宙とひとつの状態では、ひとつであるからこそ、その無限性を客観的に感じることができないからです。無限なる宇宙とひとつであることが、いかに素晴らしいことなのか、そのことを体験するために生まれてきたとも言えるのです。

**すべてのものは、その真相を思い出す方向に流れています。**そんな流れに従って宇宙はいつもあなたをサポートしているし、ヒントを与えているとも言えます。

だから、「こんな自分みたいな取るに足りないしょうもない存在は、みじめな状態に甘んじるしかないんだ」という意識になっていると、あちこち壁にぶつかります。

逆に、**「自分は宇宙とひとつの無限なるものである」という意識に戻っていくと、すべてがスムーズに流れだす**んです。

宇宙はただ単に、あなたを混乱や葛藤の中に放り投げたのではありません。

今あなたがこの本を手にしているということは、あなたが「混乱や葛藤の段階」から、**「真実に目覚める段階」**に差し掛かっているからでもあるのです。

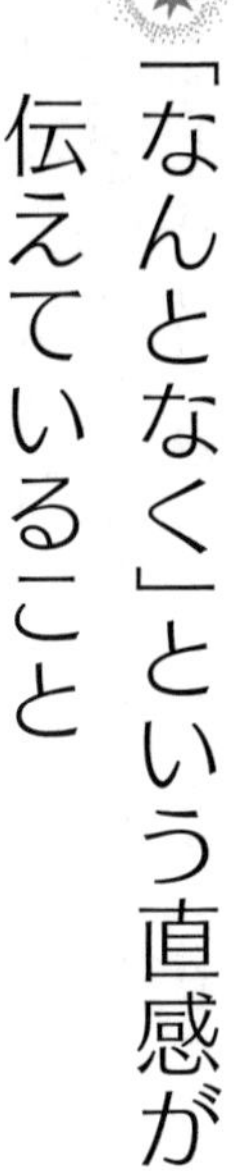

# 「なんとなく」という直感が伝えていること

私たちは自分が「無限なる宇宙」とひとつであることをいったん忘れ、そこから様々なプロセスを経て、もう一度「無限なる存在」であることを思い出そうとしているというお話をしましたよね。

けれども、私たちはそんな「内なる真実」には目もくれず、外側の世界にばかり気を取られています。

どうしたら、もっと人に認めてもらえるようになるのか。
どうしたら、もっと愛されるようになるのか。
どうしたら、もっとお金を稼げるようになるのか。

そんなことで頭がいっぱいです。そして、そのためにはこの未熟で至らない自分が変わらなければならないと思い込む。

「そんなことじゃダメだ！　もっとこういう人間になれ」と日々、自分を叱りつけ、魂の声に従うどころか、テクニックでどうにかしようとします。

こうして、ますます自分の本当の望みが何なのか、わからなくなってしまうのです。

## 「頭で考えている」だけではミラクルは訪れない

でも、あなたの「魂」だけは、宇宙とのつながりを保っています。

あなたが宇宙とひとつの「無限なる存在」であることを思い出すための「最後の砦（とりで）」——それが**「魂の声」**、言い換えると**「心の声」**なのです。

何十年間も、人からの評価や周囲の思惑、流行の情報など外側にばかり意識を向けてきたとしても、心の声が全く聞こえなくなるということはありません。それははっきりと言葉として聞き取れなかったとしても、「なんとなく」という直感という形であなたにはたらきかけてきます。

あなたも一度はそんな経験をしたことがあるはずです。

たとえば、ものすごく精神的に参っているときに、疲れを癒やそうと、なんとなくいつもは行かない温泉に行ってみたら、そこにしばらく会っていなかった高校の同級生がいて、話を聞いてもらっているうちに心が晴れ、そこからまた友達付き合いが復活し、その友達が心の支えになってくれた、みたいなことが……。

どうしてそういう巡り合わせになったのか不思議でならないけれど、まるで天から神様が見ていて、二人が出会うように仕組んでいたとしか思えないほどうまくできている。

それは、決して偶然ではありません。

宇宙はこんなふうに、「なんとなく」という直感を通して、あなたを守り、導いてくれるのです。そして、**頭で論理的に考えて行動していたのでは、決して開けな**

**かった道が、直感を通した心の声に従うことで、開けていく**のです。

人は、それをミラクルと呼んだりします。

でも、それは少しも特別なことではなく、あなたさえ心を開いていれば、いつだって受け取れるものなのです。

なぜなら、**宇宙とあなたはそもそもひとつですから、宇宙の叡智(えいち)があなたにザーッと流れ込んでもおかしくない**のです。

つまり、あなたが耳を傾けるべきは、人の価値観や外側の情報ではなく、宇宙とつながっている魂の声、内なる声なんです。

私たちは、あまりに外側にばかり気を取られてきました。

でも、そのことに気づけたなら、今この瞬間から、呪縛が解け始めます。そして、はじめはささやくようにしか聞こえなかった内なる声も、やがて即座に察知できるようになるはずです。そうなれば、あなたはますますいい流れに乗って生きられるようになっていきます。

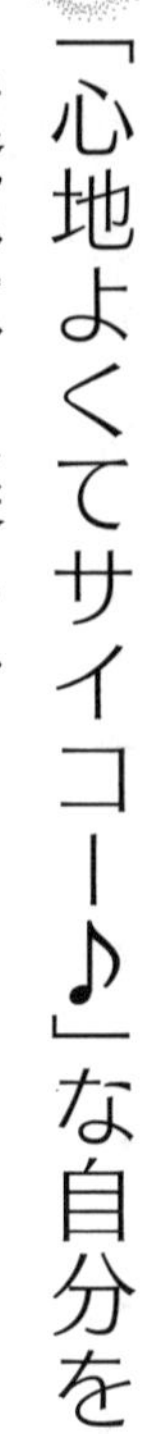

# 「心地よくてサイコー♪」な自分を遠慮なく楽しむ

宇宙とあなたは本来ひとつであるということを、最初にお伝えしましたよね。

ということは、あなたの魂の望みは、宇宙の望みでもあるということです。

つまり、**あなたが最高に心地よくいられて、力が発揮しやすい環境で、やりたいようにやれることを、宇宙も望んでいる**ということです。そんな生き方をして全然構わないんです。


でも私たちは、自由気ままに、心の赴（おもむ）くままに生きることを、「わがまま」だと教え込まれてきたところがあります。「好き勝手に生きたら、イヤなことを我慢してやっている他の人に悪い」という罪悪感まで植え付けられます。

それどころか、「やりたくないことを我慢してやり続けられる人」や、「自分のことより人のことを優先する人」のほうが偉いと言われることも少なくありません。

そうなると、「自由に生きる」なんて自分勝手でとんでもないことだと思い込むようになります。そして、「自分の本当の望み」ではなく、「人の望み」を叶えることのほうにばかり気を取られてしまうことになるのです。

でも、残念ながら、こっちの道は「いばらの道」なんです。

なぜなら「宇宙の流れ」に逆らっていますから。

だから、今まで頑張ってきたのに報われなかったんです。知らなかったでしょ？

## 「人知を超えたミラクル」が普通に起こる人

あなたは、自分が心地よくいられて、力が発揮しやすい環境に身を置き、やりたいことを自由に表現することを優先していいんです。

なぜなら、**あなたが本来の力を発揮することが、この世界への最大の貢献にもな**

るからです。

あなたが宇宙から授(さず)かった本当の力を発揮することのほうが、やりたくないことを我慢してやるよりも、もっと多くの人の力になります。

歌の才能のある人が大嫌いな経理の仕事を我慢してやるよりも、魂を震わせる歌声をたくさんの人に聞いてもらったほうが、ずっと多くの人の力になりますよね。

だいたい、イヤなことを我慢してやっている人のそばにいるだけで、なんだか気が滅入ってきませんか?

それよりも楽しそうに自分のやりたいことを表現している人のそばにいたほうが、こっちも元気が出てくるし、一緒にいるだけでなんだか楽しくなってきますよね。

だから、自由に「やりたいこと」を楽しむことに後ろめたさを感じる必要はありません。むしろせっかくの才能を発揮しないほうが、この世界に対して申し訳ないくらいです。

**自分の本当に望む人生を生きることは、わがままではなく、宇宙が望んでいること**なんです。

だから、勇気を持ってそんな環境を自分に与えれば、宇宙からもビックリするほど応援してもらえます。

どこでどうつながっているのか、さっぱりわからないけれど、なぜかあなたの心からの歓(よろこ)びを表現できるように、お金やチャンスも流れ込むようになるのです。

そして、それらを遠慮なく、どんどん受け取っているうちに、今まで体験したこともないような世界にあなたは運ばれていくのです。

なぜ、そんなにうまくいってしまうのか……。

それは、**「魂の望み」を生きるとき、宇宙の流れにしっかり乗ることになるから、宇宙の「無限の力」が流れ込みやすくなる**のです。

**無限の力ですよ、無限の力！**

だから、人知を超えたようなミラクルが普通に起こるんです。

小さな「個」であるあなたが、一人で頑張るのとは大違い！

宇宙という「最強の味方」が、どんなときもあなたを応援してくれる。

こんなに心強いことなんて、ありませんよね。

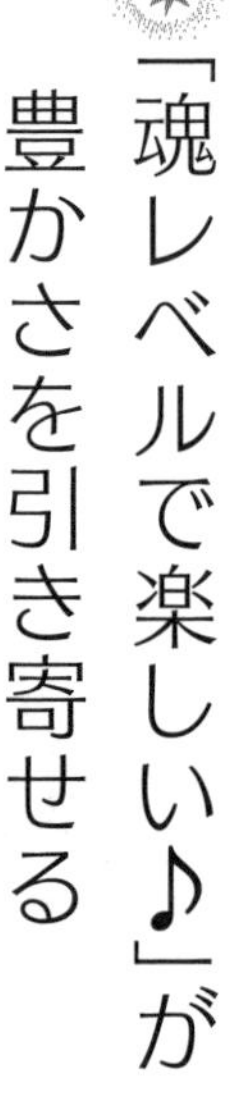

# 「魂レベルで楽しい♪」が豊かさを引き寄せる

夏休みの宿題は、お母さんにいくら「早くやりなさい！」って言われても、どうしてもやる気になれなくて、夏休みが終わるギリギリに何とか片づけた——身に覚えはありませんか？

実は、私もそうだったんですよね。ワークブックや絵日記を毎日少しずつやっていれば後で焦らずに済むのに、それができないんですよね。

一方で、「楽しいこと」なら何時間でもやれました。

私はドッジボールが大好きで、他の女の子がお人形遊びや縄跳びをしていても、そんなのお構いなし。女の子が私一人でも、平気で男の子ばかりのドッジボールの仲間に入ったし、クラス対抗のドッジボール大会があるときは、「学校が始まる前に練習するぞ」と言われれば、5時に起きて練習に行くのも全然辛いと思いませんでした。

## 「歓び」の周波数に自分をチューニング♪

こんなふうに、「やりたくないこと」は、それがそんなに難しいことではなくても、なかなか進まないけれど、「楽しくてたまらないこと」なら、それがハードなことであろうと熱中できますよね。

ところで、宇宙はこの上ない**「歓び」**（212ページ～）の周波数でできています。瞑想をして、本来ひとつだった宇宙と周波数を合わせてみれば、そのことがよくわかります。

宇宙とひとつになっているときは、あまりの至福と歓びに圧倒されます。それ以前にイヤなことがあっても、それはどうでもよくなり、あっという間に気分が明るくなってしまいます。

あなたも心から望むことをやっているときは、この上ない歓びを感じますよね。ということは、その瞬間に宇宙と同じ周波数になっているわけです。

すると、そこに宇宙の「無限の力」が入りやすくなり、イヤイヤやりたくないことを頑張っているときとは比べ物にならないほどタフでいられるんです。

はたから見ればキツそうに見えることでも、本人としてはやりたくてやっているだけなので、全く平気。それどころか、それさえも楽しいと感じられます。「楽しくてたまらないこと」ならハードなことでも長時間、熱中していられる背景には、そんな理由があったんです。

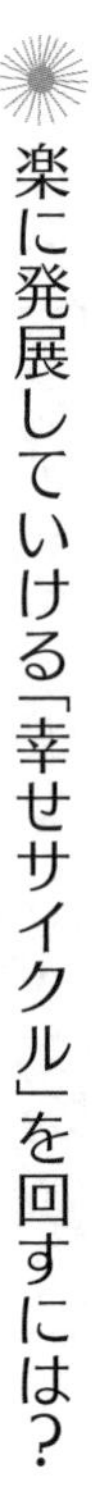

## 楽に発展していける「幸せサイクル」を回すには？

言葉を換えると、**本心からの望みに正直に生きていると、「疲れ知らず」でいられる**んです。

そして、熱中できるからこそ、結果的にパフォーマンスもよくなるし、他のことは続けられなくても、これだけは、誰に頼まれなくても続けられます。

つまり、**「努力して頑張ること」とは全く次元の違う領域で、すごいことを楽々とできてしまう**ということです。

私はブログを毎日更新しているのですが、よく人に、「毎日毎日、よく書けますね」と言われます。でも、自分としては人に何かを伝えることが面白くてたまらないんですよね。しかも、私の書いたものをたくさんの人が読んでくださっているということが張り合いにもなっています。

私の場合はブログだけでなく、本もほとんど自分で執筆しています。スピリチュアルの世界で有名な著者の多くは、インタビューした内容をもとにライターさんが代わりに執筆していることが多いと聞きます。

以前、編集の方が、私が書いたブログをもとに本の原稿を作ってくださったことがありました。でも、やっぱりそのときに私が一番伝えたいと思っていたこととは違っていたし、もっと面白い構成にしたくなって、結局、自分で書いてしまいました。

それに、そうやって魂を込めて書いた本のほうが結果的に売れるんですよね。

毎日ブログも書いたうえに本まで自分で書き、しかも一年間に何冊も出している状態なので、書くことが嫌いな人にとっては地獄のような状態かもしれません。でも、私にとっては苦痛どころか歓び。それに書き始めると、アイデアがどんどんひらめいてきます。

**魂の望みどおりの人生を歩んでいるとき、人は宇宙とつながっている状態になるので、パワーだけでなく、叡智も降りてきます。**

だから、結果的にも質の高いものを生み出せます。そして、質の高いものになるからこそ、それが豊かさも生み、その「幸せなサイクル」がどんどん回り続け、楽に発展し続けられるのです。

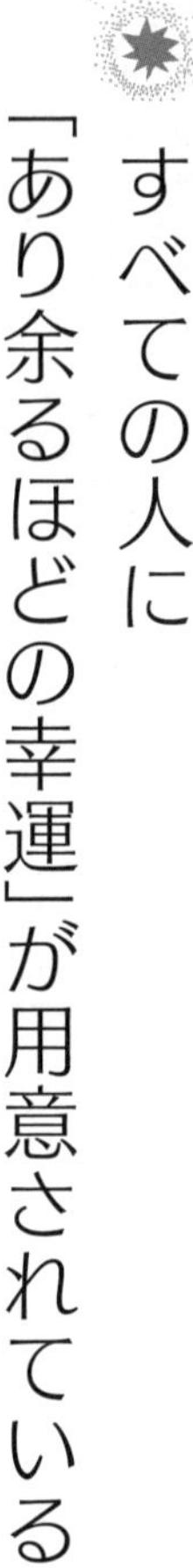

# すべての人に「あり余るほどの幸運」が用意されている

最高に心地のいい、力が発揮しやすい環境で、「自分のやりたいこと」に熱中しよう、それが宇宙の望みでもあるというお話をしました。

でも、「自分のやりたいことをやる」とは、人を踏みにじったり、策を弄(ろう)して蹴落としたりしてもいいということではありません。

悪意を持って人を傷つけることは、もちろん許されません。

幸運は「限られたもの」であり、奪い取らなければ他の人の手に渡ってしまうと勘違いしている人がいます。

それは、これまで育ってきた環境の影響や、無駄に競争心をあおられてきたことに原因があるのかもしれません。

学校に入ったらテストというものがあり、点数をつけられて、順位が決まる。順位が上のほうの人が偉くて、下のほうの人は、「劣等生」や「落ちこぼれ」という不名誉なレッテルを貼られ、馬鹿にされたりする。

受験でも、誰もが行きたい学校に行けるわけではなく、だからこそ他の人よりも一点でも多く点数を稼がなければいけないと思う。

社会に出て営業マンになれば、自社の製品と競合する他社の製品があり、熾烈なシェア争いがある。同じ会社の中でも同期よりも業績を上げなければ、出世競争で蹴落とされる。

だから何としても「人に勝って生き残らなければ」という習性が身に付いてしまうんです。

**でも、宇宙はそんなにケチじゃない。**

幸運や豊かさは、競い合って勝った人の分しかないなんてことはありません。

何しろ宇宙は無限なのですから。

## 豊かさは誰かと奪い合うものではない

考えてみてください。一人の人間の大きさからすれば、地球は限りなく巨大で、今だって80億人以上もの人を生かしています。

そんな地球だって太陽から見れば、ケシ粒ほどの星でしかありません。

まして太陽系宇宙を含む天の川銀河からすれば、地球なんて一体どこにあるのかわからないほど微小なチリのようなものでしかない。

天の川銀河のような銀河を無数に内包している無限の宇宙が、一人分のラッキーしか用意していないわけなんてないのです。

地球上のすべての人に行き渡って余りあるほどのラッキーをちゃんと用意しているに決まっているじゃないですか。

だから人を蹴落としてでも、なんとしてもこの自分がラッキーをゲットしなければと焦る必要なんてありません。

そもそも、どうしてそんな気持ちになるかと言えば、自分のことを無力な存在だと思っているからですよね。**宇宙はあなたを最高傑作として生み出した**のに、ちっぽけな存在だなんて思ったら、宇宙の流れに逆行することになってしまいます。

逆に、自分は「宇宙とひとつの無限なる存在だ」という意識になればなるほど、すべてはスムーズに流れるんです。


そうです。あなたは本来、**宇宙とひとつの無限の存在**なんです。


だから、意識をいつもそっちに向けるようにする。

これまで慣れ親しんだ競争という概念は、ちょっと脇に置いてくださいね。まだ古い価値観にとらわれている人のほうが多いですから、周囲の人はあなたに競争をけしかけ、あなたの存在を脅(おびや)かそうとするかもしれません。でも、そんなことに惑わされないでください。

一人ひとりがそれぞれに成功して、幸せになれるんだということを信頼し、自分の「やりたいこと」に集中すればいい。

あなたが本当の望みを生きていたら、それだけで楽しくて楽しくて仕方がなくて、勝手にうまくいくようになります。だから結果的に人を蹴落とそうとしなくても、ちゃんとあなたは成功し続けられるのです。

# 人との「勝ち負けの世界」を抜け出す

前項で、私たちは「人に勝たないと生き残れない」という競争の概念を植え付けられて育ったという話をしました。

年収１０００万円になっても、今度は年収1億円の人を見て、もっともっと稼がなければと思う。

日本で成功しても、世界的に活躍している人と自分を比べて、みじめに感じたりもする。

こんなふうに人と比べるなら、お金、名声、外見、ライフスタイル……あらゆる点で一番にならない限り安心できませんよね。そして、その葛藤は果てしなく続きます。

でも、ちょっと待ってください。

どうして、「自分と人を比較すること」は苦しいのでしょうか？

それは自分のことを**「ありのままでは価値がない」と思っているから**です。

世の中には、たくさんお金を稼ぐことができていたとしても、有名であったとしても、人からたくさんの称賛を得ていたとしても、心からの幸せを感じられずに生きている人が、意外に多いのです。

そういう人たちは、実は自分自身をちっぽけな存在だと思っています。だからこそ、お金や肩書き、外見などの外側から見えるもので自分の力を誇示しようとするのです。「どうだ！　オレってすごいだろう！」と。そして、それを延々とやり続ける。

すると、自分よりも何かに秀でている人を見ては、心が穏やかではいられなくなり、より一層自分を強く、偉く見せようとし、果てしない競争のスパイラルから抜け出せなくなってしまうのです。

以前、北海道を旅していたとき、小さな工房でとても素敵なガラスの風鈴を作っている人に会いました。その地域は冬になると、何メートルも雪が積もり、気温はマイナス20度以下にもなります。そのくせ夏には結構気温が上がり、30度を超えることもあります。つまり、一年間で50度もの気温差があるということ。

「そんなに厳しい環境の中で生活するのは大変じゃないですか？」

と聞いたら、

「逆ですよ。こんなにも豊かで多様な自然の表情を見られる場所なんて他にありません。今は好きなことをやって暮らしていますし、時間的にも自由で本当に気楽なんです。お金をたくさん持っていなくても、ここでは別に困りません。畑をやっている人から食べ物を譲ってもらうことも多いですし、物価も安いですからね。以前は大企業のサラリーマンをしていて、結構な高収入でしたが、今の生活のほうがずっと幸せです」

と言っていました。
彼は「魂の望み」を生きている人でした。

## 「次は、どんな面白いことをしようか」という境地

「魂の望み」を生きているとき、人は、必然的に心の底から満たされることになります。

なぜなら、それは、無限なる宇宙の周波数に同調しているということだから。宇宙の周波数は「無限の歓び」でしたよね。その歓びにこのうえなく満たされているのに、誰が人のことをうらやましいだなんて思うでしょうか?

その**歓びの坩堝**（るつぼ）**にいると、人がどうであるかなんて、気にしている余裕がそもそもない**のです。それほどに、今、自分のやっていることが楽しくて、「次はどんな面白いことをしようか」ということで頭がいっぱいです。

仮に自分と同じ分野で、さらに活躍している人がいたとしても、それによって触発されるだけ。「自分にも、もっと大きな可能性がある」と感じるか、自分とは違うやり方にヒントをもらってさらに発展するか、あるいは「師」と仰いで接触をするかの、いずれかです。

いずれにしても、魂の望みを生きていたら、「人との比較」に苦しむことにはなりにくい。

だからこそ、人に煩(わずら)わされることも少なくなり、自分のペースで生きられるようになるのです。

# 自分に「しっくりくる環境」を遠慮せずにチョイス！

サボテンは、水が多すぎると根が腐ってしまいます。だから、乾燥した砂漠地帯に生えていますよね。

でも、稲の苗は水がひたひたに溜まっている水田に植えます。田植えをした直後は、そういう環境に置いたほうがよく育つからです。

味が濃く、おいしいブドウを育てるには、水はけのよい斜面に植えることが適しています。だから、山梨県の甲府盆地のような扇状地では、ブドウがたくさん栽培されていますよね。

それぞれの植物に適した環境というものがあるように、人間にも、**「その人が一**

**番力を発揮しやすい環境」**というものがあります。

大人数の職場のほうが人との交流が多くて仕事がしやすいという人もいれば、一人で仕事をするほうが集中できるという人もいます。

安定した収入があることが何よりも大事で、そのことが精神的な安定につながるという人もいれば、たとえ収入が不安定でも、やりたいときにやりたいことができる状態であるほうが精神的に安定するという人もいます。

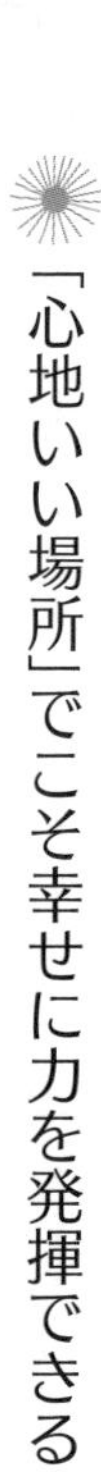

## 「心地いい場所」でこそ幸せに力を発揮できる

どんな環境に置かれることがベストなのかは、人によって千差万別です。なのに、大企業に勤めるか、公務員になるかすれば、一生安泰だという世間の風潮を感じたことはありませんか？

高校で進路を選ぶときにも、理系で成績のいい人は医学部を目指し、文系で成績のいい人は弁護士を目指して法学部に入るのが王道とされているようなところがありませんでしたか？

人の幸せって、そんな画一的なものではありませんよね。

**幸せの基準は、人によって違って当たり前**なんです。

みんなが同じものを目指すほうが不自然というものです。

一度、世間で言われている幸せの常識を疑っていい。大事なことは、あなたにとってどういう環境が一番合っているかということなんですよ。

「魂の望み」を叶えることの中には、「何かを成し遂げる」ことだけでなく、**「ベストな環境に身を置く」**ことも含まれます。

それが人と違っていても、あるいは世間で一般的とされていることと違っていても、全く気にする必要はありません。

何度も言うように、やりたくないことを我慢してやり続けるよりも、一番心地よく感じる環境で、生まれ持った能力を存分に発揮してもらったほうが、この世界への貢献になります。

それに、幸せを感じている人の波動は、目には見えなくても、世界中に広がっていきます。そういう人が増えれば、世界はもっと幸せで愛に満ちたものになっていくでしょう。

だから、何も遠慮する必要なんてない。

あなたというタネに一番ふさわしい環境を、自分に与えていいんです。

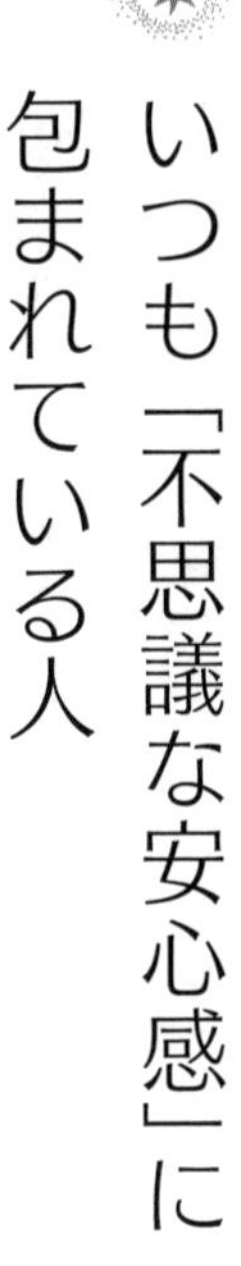

# いつも「不思議な安心感」に包まれている人

ここまでお読みになっておわかりのことと思いますが、「魂の望み」を生きると、まず、あなた自身が心の底から満たされます。そして、人との比較や競争によって苦しめられることもなくなり、エネルギーを自分のやりたいことに集中しやすくなります。

さらに、歓びに突き動かされて生きているからこそ、取り組んでいることに没頭でき、あなたの生み出すものの質も、必然的に高くなります。

それは「宇宙の流れに乗る」ことでもあるので、**自分一人でどうにかできるレベルを超えた、様々なラッキーやミラクルにも恵まれる**ようになります。

この状態で、世間で頭角を現わさないほうがおかしいでしょう。

これはガツガツと無理をして成り上がる頭角の現わし方とは、全然違います。もっと軽やかで自然です。心から望む生き方をしている人は、そもそも「成功してやろう」とはあまり思っていません。

ただ、**自分が「無限の力」とつながっていることは感覚的に察知している。**

「これは自分という『個』がやっているわけではない」

「宇宙が私というものを通して、その無限性を表現しているんだな」

そんなふうにどこかで気づいています。

## 「ゾーン」に入るとエゴは消え去る

だって一人の頭では到底考えつかないようなアイデアがひらめいたり、「どうしてこんなところで、こんな出会いがあるんだろう」と思うような驚くべき出会いにも恵まれたりしますから。だから「自分は一人だ」という不安感はなくなるんですね。「何か得体のしれない、偉大なるものが支えてくれている」という不思議な安心感に包まれるようになります。

私もそのゾーンに入っているときは、文章を書いていても「自分が書いている」という感覚ではなくなり、「何かに突き動かされて書いている」ような感覚になります。宇宙から情報の塊(かたまり)のようなものが脳に降りてくると、それが脳の中で自動的に文字に翻訳されて、キーボードを叩いているような状態になります。

だけど不思議なことに、人間である私の感覚も、そういうときほど研ぎ澄まされていて、読む人にきちんと伝わるような言葉を選び、表現方法にもきっちりチェックが入ります。オカルトの世界でいう「トランス状態での自動筆記」とは違うんですよね。

ブログを書いていても、そういう状態で書いた記事ほど評判が高く、ページビューも歴然と上がります。いつも本当に不思議に思うのですが、読者の方には、宇宙のエネルギーがちゃんと伝わっているんでしょうね。

だから、こんなふうに**「宇宙と共同作業状態」**になっているときに、パフォーマンスが落ちるということは決してないと確信しています。

## 「自己顕示欲」という"ちっぽけな欲"の先にあるもの

ところが、ガツガツと無理して成り上がる方式でいくと、宇宙からのサポートは入りにくくなりますから、一時的に成功しても、その状態をキープするために常に不安や心配がなくなりません。

なぜなら基本的には「今の自分ではダメだ」「自分はちっぽけで頼りない存在だ」と思っているし、まして「宇宙とつながっている無限の存在だ」という認識もありません。だから、必死でやらないと出し抜かれるという恐怖に付きまとわれ、いつも戦々恐々としています。

そして、「人から見てすごい自分」であり続けるために、見えないところでたくさんの犠牲を払うことになります。

だから、**急角度で上り詰めても、落ちていくのも早いし、長続きもしません。**

でも、魂の望みを生きているならば、そうはなりません。

好きなことを、自分が一番心地よい環境で、やりたいようにやっていて、ちゃんと生活もできる。それだけで幸せで、評価されたい、成功したいといった我欲もないので、それに振り回されてペースを崩すこともないんです。

世の中には爆発的に注目されたり、売れたりすることがすごいという風潮があり、人はそんな情報に触れると、ついそれに向かって駆り立てられたりします。


でも、そんなものは目指さなくていい。

**あなたにとって一番大事なことは、自己顕示じゃない。**

**あなたが心から満たされ、幸せであるかどうかです。**

宇宙は、そこに向かっていつもあなたを導いてくれます。

# 宇宙は〝すべて無料〟の優れたコーチ

最近の自動車には、センサーがあちこちについていて、目視できない角度にある障害物や他の車を察知して、ぶつかりそうになると、自動ブレーキがかかったりします。ハンドルから手を離しても自動運転してくれる車も増えてきました。

そして、心の底から望む生き方をしているときは、宇宙の「無限の力」が作用しやすくなりますから、車の自動運転と同じように、**宇宙が本物の幸せのほうへ自動的に連れて行ってくれる**んです。

「こっちに行ったら危ない」とか「あっちに行けば今必要なものと出会える」といったことが宇宙には見えているので、なんとなく〝あっち〟に行きたくなるように仕向けたりします。

あるいは次にどんなことをすればいいのか、直感を通じてアイデアを与えてくれたりもします。

それらは高いお金を払って、コンサルティングやコーチングをしてもらうよりもずっと的確であり、その導きは人知を超えたものです。その導きに沿っている限り、無理なく発展し続けられます。

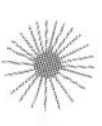

## 幸運を持続させるための「器」作りとは

ところで、まだ実力が備わっていないのに、実力以上のことをしようとしたらどうなると思いますか？

たとえばフルマラソンを走れる体力もついていないし、それだけのトレーニングもしていないのに、いきなりハイスピードで長距離を走ったら、脚がつるか、ひどい場合はけがをして、しばらく歩くことさえできない状態になるかもしれません。

もしも大けがをすれば、もう走れなくなってしまうかもしれませんよね。

**宇宙はね、そんなふうには導かないんですよ。**

あなたが持って生まれた力を無理なく、かつ継続的に発揮できるように、最初にまず必要な経験（トレーニング）をさせます。その経験があることで、ちょっとやそっとのことがあっても挫折しないだけの実力をつけさせるんです。

でも人間は、「一気に成功したい」「今すぐすごい自分になりたい」という欲に駆られがちです。そして早く早くと焦り、やらなくていいことをやり、ゴリ押しをして、成功をつかみ取ろうとします。それで一時的にお金をたくさん手に入れ、人に注目されたとしても、本物の実力がついていなければ、残念ながらやがて淘汰(とうた)されてしまいます。

おいしいと評判になったラーメン屋さんが、一気に店舗を拡大しようとして、細部まで目が行き届かなくなるなどして味が落ち、閉店してしまうことがありますが、それと同じです。そんなことになったら、元も子もありませんよね。

**宇宙の自動運転は、どんなときも本物の幸せに照準が合っています。**

一時的な成功や繁栄ではなく、ずっと発展し続けられるように導いてくれるのです。

あなたが今どういう状態にあるか、宇宙はあなた以上にわかっているので、そのときそのときに一番必要なことを体験させます。大きな成功を安定的に維持できるように、それを受け止められるだけの器を作ってから、成功のチャンスを与えてくれるのです。

そのために、たとえば知識やテクニックのようなものを学ばせる場合もあれば、「ありのままの自分」を愛せるような自己受容を促進する体験をさせる場合もあります。

そのときには、なぜこんなことが起こるのかわからなくても、後になってそれが本当に役に立ったことに驚かされたりします。

私はこの仕事をする前に、ある財団の広報の仕事をしていました。その仕事の中で100人規模のシンポジウムの企画から、参加者募集、参加費の入金処理、当日の受付、書籍販売、司会進行など、あらゆることを経験しました。そのときは休日出勤が増えるし、その業務もあまり好きではありませんでした。

でも、自分が大規模なワークショップを開催するようになった今、それらのすべての経験が役に立っています。大人数のワークショップの告知から開催、後片付けまで、平気で一人でやれます。さすがに最近はもっと規模が大きくなったので、業者に依頼するようになりましたけどね。

宇宙はどんなに優れたコーチよりも、的確で愛のある導き方をしてくれる。

それなのに、**宇宙はすべて無料**。

こんなにいいことは、ありませんよね。

# 2章

# 「自分らしさ」の核はどこにある?

## ――「他人の価値観」にふりまわされない生き方

# 自分のことなのに、なぜ「本当の望み」がわからなくなる？

ひまわりのタネは、ひまわり以外の植物には育ちませんよね。

ひまわりにふさわしい環境にタネを蒔(ま)いたら、誰に教えられなくとも、ちゃんと育ちます。

あなたも、それと同じです。

**あなたにとって一番居心地がよくて、のびのび能力が発揮できる場所に置かれれば、自然にあなたという大きな花を咲かせられるようにできているんです。**

でも植物には、人間のように「個」という意識はありません。別々に咲いているようで、意識は宇宙とひとつのままです。だから、ひまわりなのに、バラになりたいなんて思わないし、バラを目指して頑張ったりもしません。

人間はそうではありません。すべてなる宇宙と、自分とがひとつの存在であることを一旦忘れ、「個」という意識になって生まれてきます。

あなたはあなたであればいいのに、育っていくプロセスで、「こういう人間になるべきだ」という様々な価値観を親や先生や、周りの人たちから刷り込まれます。そして「こういう人間」にならなければ幸せになれないし、社会からも受け入れてもらえないのだと思い込んでしまいます。それによって自分の本当の望みがわからなくなってしまうのです。

広い目で見れば、与えられた価値観も必要なことではあります。人に何かしてもらったら感謝するとか、困っている人がいたら助けるとか、近所の人に会ったら挨拶するとか、人間社会を生きていくうえで必要なことは、人から学ぶという側面がありますから。

問題は、自分らしく生きるだけでいいのに、その自分らしさを殺して、「別な人間のようにならなければならない」と思ってしまうこと。「他人の価値観」を「自分の価値観」であるかのように勘違いしてしまうところにあります。

**本当の望みを知るためには、その望みを押さえつけている「他人の価値観」を手放す必要があります。**

「他人の価値観」を手放してしまえば、本当の望みは自然に湧き上がるようにできています。植物のタネがどんな花を咲かせるか最初から決まっているように、本当の望みとは、あなたの中にそもそも備わっているものだからです。頑張って能力をきたえ上げて、それからやっと気づくようなものではありません。

## 人生が「空回り」してしまう理由

次の項目では、なぜ他人の価値観を自分の価値観より優先してしまうのか、その背景を見ていきます。それによって、これまで自分の考えだと思っていたものが、本当は他人から刷り込まれたものだったということに気づきやすくなるでしょう。

そのうえで、どうしたら「他人の価値観」という重荷を下ろすことができるのかという話をしていきます。

私たちは何十年間も「他人の価値観」に従って生きてきました。しかも、そのことを明確に自覚している人は意外に少ない。

自分の本当の望みではないものを何とかして叶えようとしてきたから人生がうまくいかなかったし、空回りし続けてきたとは、夢にも思っていません。

それどころか、その自分の本当の望みではないものを、どうにかして実現させようと悪戦苦闘しています。

それくらい根深いものだからこそ、**「自分がこれまで何を信じて生きてきたのか」**ということに深いところで自覚的になることが大事なんです。

かといって、「早く自分の本当の望みに気づかなければ」と焦らないでくださいね。ゆっくりと順を追ってそのカラクリを解き明かし、少しずつあなたの深いところまで腑に落としていきましょう。

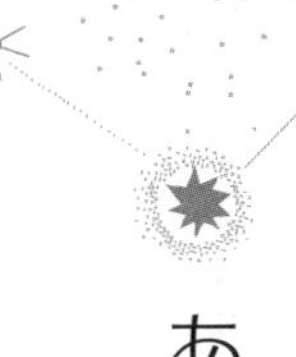

# あなたを縛っている「強迫観念」とは?

私たちにとっておそらく一番重要なことは、**「愛されること」**です。愛されれば、たくさんの人に助けてもらえるし、大事にしてもらえるし、ケアしてもらえる。すべての願いが叶う。そう思い込んでいるところがあります。

お金が欲しかったのも、結婚したかったのも、成功したかったのも、そうなったら人からの愛と賞賛が得られると思っていたからではありませんか?

胸に手を当てて、自分によ〜く聞いてみてください。

私たちが「愛されること」を求めてしまう理由。それは私たちが、自分の足で歩くことも、ご飯を食べることもできない状態で生まれてくることに起因しています。

誰かに世話をしてもらわなければ生きていけない。

生きるためには、世話をしてくれる人に愛される必要があったんです。それは、とても切実な問題でした。

だから、親をはじめとする自分の面倒を見てくれる人たちから愛されるための「条件」を満たそうと必死になりました。いい子にしていたら、いっぱい愛を注いでもらえる。ちゃんと生き延びていける。そう思って頑張ってきた。

つまり、私たちは**愛されるために、「周りの人が求める条件を満たす」という闘いをずっと続けてきた**ということ。そのことにばかり気を取られてきたので、自分の心が望むことなんて、顧みられなくなってしまったんです。

自分の好き勝手に生きたら、きっと見捨てられる。その強迫観念が、ますます本当の望みを封印してしまいました。

これは別な言い方をすると、**あなたが幸せであるかどうかの基準が、他人の判断にかかっている生き方をしている**ということです。

人があなたを愛するかどうかは、あなたに決められることではありません。どんなに愛されたいと願っても、それはいつも相手次第です。だから、いつも人に振り回されてきた。いつまで経っても安心できなかったし、エネルギーを消耗する一方だったのです。

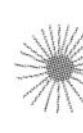

## 「人生に疲れきってしまう」一番の原因

これに関して思い当たることはありますか？

自分もそういうことを延々とやってきたという認識がありますか？

自分の本当の望みと引き換えに、他人の価値観を受け入れ、それによって愛されようとしてきたような気がするなら、まずそのことをしっかりと認識してください。

人生がうまくいかず疲れきっていたのは、それが大きな要因だったのです。

自分がそうだったと認識したうえで、じゃあ、自分は愛されるために、他人のどういう価値観を受け入れてきたのか……。そのことを振り返ってみてください。

どんな人間になろうとしたのか？

何ができるようになりたいと思ったのか？

どんな職業に就いたらいいと思ったのか？

何を手に入れればいいと思ったのか？


いいですか。

まず、**あなたの心からの望みではなく、「愛されるために」「賞賛されるために」どんな人間になろうとしたのかを、はっきり見るんです。**


これから後の項目に、代表的な「他人の価値観」を挙げていきます。

読みながら、自分が鵜呑み（うの）にし、今日まで追いかけてきたものがどんなものなのかをしっかり見極めてください。

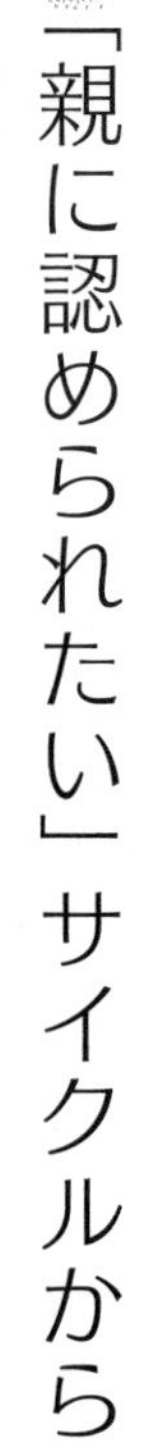

# 「親に認められたい」サイクルから抜け出す

自分の本当の望みが何なのかわからない。

心から楽しいと感じることをすればいいと言われても、何が楽しいことなのかわからない。自分の心の声を聞きたいけれど、聞こえない。

そういう人たちが何を一番大事にしているのか教えましょうか?

それは、**「親に認められること」**。

あなたが基準ではなくて、親が基準のまま大きくなってしまった。親に認めてもらうこと、親を歓ばせること、こっちを優先してきたから、魂の望みが何なのかわからなくなってしまったんです。

この世に生まれて、最初に出会う人間が親です。そして赤ん坊は親に愛され、世話をしてもらわないと生きていけません。だからその延長線上で、子どもの頃ほど親に愛されるために、親の要望に応えようとしてしまうんです。それは誰もが一度は通る道です。別におかしいことでも悪いことでもありません。

それによって、あなたという人の個性も育まれるし、人生を通して学んでいくことの土台も形成されます。それに生まれてくる前に、それも承知のうえで、この親を選んだところもあります。

このプロセスは、人生の土台を作るうえでは、ある時点までは必要なことでもあります。

でも、**土台が形成された後は、卒業していいこと**です。

けれども、何をやっても親に認めてもらえず、愛されているという実感のないまま育つと、どうしても親の愛と承認が欲しくて、親の期待に応えられる自分であろうと闘い続けます。そして、そのスパイラルから抜け出せなくなってしまうのです。

たとえ親がもう亡くなっていたとしても、いつまでも親から認めてもらえるような人間であろうと、格闘し続けている人はたくさんいます。

社会に出ても、誰か尊敬する人やあこがれの人、力を持っている人に親を投影し、その誰かに認められようと、また頑張る。親との関係を、他の誰かの間でも延々と繰り返します。こうして、どんどん魂の望みから離れていってしまいます。

## 一生、「いい子」のままで終わっていいの？

「自分は親の言うことなんて聞かずにケンカばかりしてきた」という人も、どうしてそんなに反発してきたかと言えば、**ありのままの自分を親が認めてくれなかった**からですよね。そして今でも心の奥深くで、自分が正しくて、親が間違っているということを認めさせたいと思っている。その意味では、やはり親に認めてもらいたいということに変わりありません。

逆に、親からすればいい子で、親をいつも喜ばせ、承認され続けてきた子どもも、そのサイクルから抜け出せなくなります。それさえやっていれば安泰だったから、それをやめるのは危険だと思うからです。

それに親の期待に背くことは、親を悲しませることになる。そんなことは、とてもじゃないけれどできない。親がかわいそうだと思って、勝手に親を背負い込む。

**一生いい子であり続けることが、自分の使命**のようになってしまいます。こちらのタイプのほうが、自分の幸せを強力にシャットアウトしている傾向があります。

親になかなか認めてもらえなかった人も、親からいつもいい子だと言われ続けてきた人も、どちらも本質的には親を愛していたし、愛され続けたいと切望してきたことには違いありません。だから自分のことも、まして育ててくれた親のことも、どうか責めないでくださいね。

ここまで読んできて、胸に痛みを感じるなら、あなたも親に認められたいという願いを自分の本当の望みよりも優先してきた可能性が高いです。

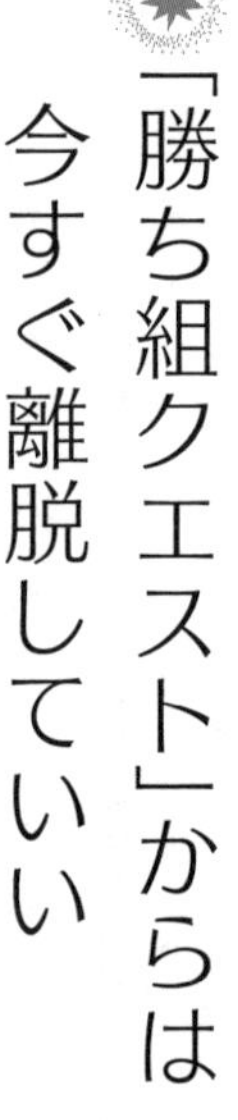

# 「勝ち組クエスト」からは今すぐ離脱していい

「勝ち組」「負け組」という言葉がありますよね。

安定した職業に就いているパートナーと20代で結婚して、子どもも生まれて、比較的豊かな生活が送れる人が勝ち組で、そうではない人は負け組。

あるいは、正規雇用や起業で成功している高所得の人たちが勝ち組で、非正規雇用や低所得の人たちが負け組と言われる場合もあるようです。

果たして負け組と言われる人たちは不幸になると決まっているのでしょうか？

負け犬みたいに、人生という表舞台から尻尾を巻いて逃げ出さなければいけないのでしょうか？

そんなわけがないですよね。

**何が勝ちで何が負けなのか、そんなことは誰にも決めることなんてできない。**

人の幸せとは、画一的なものではありません。**どういう状態が一番居心地がよくて、満たされるのか、人によって違うのが当たり前**なんです。

でも、いかがですか？

あなたはずっと、この幻想に惑わされてきませんでしたか？

そして、あなた自身にとってそれが自分に合っているものなのかどうかよく考えもせずに、勝ち組になることを追いかけてきませんでしたか？　それはまるで、「勝ち組」というゴールを目指し、条件をクリアしながら進むゲームのように……。

果たして「勝ち組」と言われる人たちの条件をすべてクリアすれば、人はみんな幸せになれるのでしょうか？

たとえば結婚。

結婚して幸せになれる人もいますが、実際に生活してみたら、相手に浮気をされて、一人でいたときよりももっと大きなストレスを抱えることになる場合もあります。実際、結婚生活が破綻(はたん)し、離婚する人だってたくさんいますよね。

子どもがいることで幸せを感じる人もいますが、子育てに悩み、苦しんでいる人も同じくらいたくさんいます。


お金だってたくさん持っていれば幸せになれるとも限りません。自由に買えるものが増えたとしても、モノがあなたを幸せにしてくれるわけではありませんからね。

普通の人が買えないような高価なものも、それが本当に大好きで、自分の生活に必要だから買う場合もあるかもしれません。でも、中には満たされない心を埋めるために、あるいは自分の価値を自分では認められないからこそ「オレってすごいだろう」と他人に誇示するために高価なものを買っている場合もあります。

どんなに持ち物を誇示したところで、自分が自分のことを心から愛さない限り、真に満たされることはありません。モノで心を満たそうとしても満たされず、買い物依存症になる人さえいます。

## 「○○さえ手に入れば」は幻想です

これまで自分が必死で追いかけてきたものは、マスコミやSNSの情報にあおられて、自分もそれらを手に入れなければと思い込んできただけのものかもしれません。でも、マスコミやSNSの言うことって、移ろいやすいです。

何かが手に入らない限り幸せになれないという価値観は、**それがまだ手に入っていない自分はダメだと自己否定することにつながります**。

そして、自己否定から何かを手に入れようとしても、「手に入っていない状態」に意識が集中してしまうことで、かえって手に入らない状態が現実化してしまうのです。

だから、やってもやってもうまくいかず、へとへとに疲れ、ますますやる気が出なくなったんです。

もう一度、自分によく聞いてみてください。

**「勝ち組」になれば、幸せになれると鵜呑みにしてきませんでしたか?**

むやみに「勝ち組ゴール」を目指していたばかりに、疲れきっていないでしょうか?

あなたにとって「勝ち組クエスト」を攻略することが本当に価値のあること、幸せなことなのかどうか、はっきりと見極めることが大事です。

# 「みんなと同じ」でないと肩身が狭い？

最近は、日本にも海外の方がたくさん居住するようになりましたが、それでも欧米のような多民族国家ではありませんよね。住んでいる人は、やはり日本人が圧倒的多数。それに日本は島国で、他国と陸上で接していないので、他国の人と触れ合う機会も日常的にはどうしても少ない。

多民族国家であれば、価値観の多様性を認識できる社会になると思いますが、日本は地政学的にそうはならなかったんです。

だからこそ、言葉にしなくても相手の気持ちを察することができたし、集団の秩序や礼儀を重んじる和の精神も育まれたとも言えます。

でもその反面、**みんなと同じでないと不安になってしまう気質**をも生み出してしまいました。

たとえばみんなが赤い帽子をかぶっていたら、自分も赤い帽子が欲しいと思う。自分は赤より緑が好きでも、緑の帽子をかぶることをためらってしまう。

そんなふうに、自分がそれをしたいのか、それを本当に求めているのかを吟味(ぎんみ)する以前に、安易にみんなと同じであろうとする傾向があります。

子どもの頃は、人がどう言おうが意外に自分の好きなように行動しようとするものです。でも、親が「人並み」であることを求め、世間体を気にする傾向にあると、「自分の望む通りに生きること」に後ろめたさを感じるようになることもあります。

## SNSで「友達のリア充ぶり」を目にしたときの感情

**人間は、一人ひとり違って当たり前なんです。**

みんなと同じであるほうが不自然です。

顔だって身長だって足のサイズだって違いますよね。

笑いのツボだって違えば、何が一番気に障るかも違うはずです。

人は違って当たり前だと、きっとあなたも頭ではわかっているでしょう。

でも、よ～く振り返ってみてください。

**やっぱりみんなと同じか、それ以上でないと不安になりませんか？**


たとえば、あなたの友達がみんなベンツを乗り回しているのに、自分だけ軽自動車に乗っていたとします。でもこの軽自動車は狭い道でもスイスイ走れるし、価格もリーズナブルだし、燃費もいいので好きで買ったんです。

無理をすればベンツだって、10年ローンにでもすれば買えたかもしれない。けれど必要ではないから買わなかっただけ。でも、そうだとしても、周りがみんなベンツだったら、なんとなく肩身が狭い気分になりませんか？

あるいは友達が華やかなパーティーを楽しみ、あちこちで豪華な旅を楽しんでいるリア充ぶりをSNSにアップしているのを見たら、どんな気持ちになりますか？

単純に楽しそうだなと思うだけですか？　それとも、そんな生活をしていない自分を、どこかでみじめに思いますか？　自分ももっと楽しいことをしなければ、置いてけぼりになると焦りませんか？

**正直になってください。**ここでカッコつけないでくださいね。

現実にそうだったら、どう思うか具体的に想像してみてください。

もしも、みじめさや焦りを感じるなら、みんなと同じかそれ以上でなければいけないと思っていたということ。それはすなわち、他人にどう思われるかという他人の価値観に縛られていたということです。

そういう自分を否定する必要はありませんからね。

**自分が何に惑わされて、魂の望みを抑圧してきたのか**に自覚的になってください。

今大事なことは、それだけです。

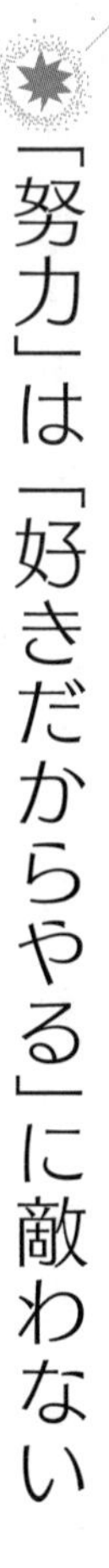

# 「努力」は「好きだからやる」に敵わない

小学校に入ると、道徳の時間に偉人の伝記が題材として取り上げられることがありますよね。

偉い人はみんな、頑張って苦労を重ねてやっと大成した。キュリー夫人もエジソンもそうだった。だから世紀の発見や発明ができたんだと教えられます。

家でも学校でも、やりたいことを自由にやっている子よりも、やりたくないことでも我慢して辛抱強く続けられる子のほうが「偉い子」だって言われる。

そういうことを日常的に体験し続けると、やりたいことを思うままにやることは、わがままで勝手で愚かなことだと思い込んでしまいます。

「そうか……。みんなに賞賛される偉い人間になるには、自分のやりたいことじゃなくて、やりたくないことを辛抱強く頑張らないといけないんだな」と思うようになります。

私が子どもの頃には、教室の黒板の上に、「努力」の二文字が額に入って高々と飾られていたことがありました。そしてそれを見るたびに、なんだかのん気にやってちゃいけないような、楽しむことがいけないような、そんな気分になったものです。

それに、『巨人の星』（野球）や『タイガーマスク』（プロレス）、『サインはV』（バレーボール）などのスポコンアニメやドラマが真っ盛りでしたからね。テレビからもそういう影響を受けました。

当時の私は、苦しいことを乗り越えて栄光をつかむストーリーに、あこがれさえ感じていました。だから別にスポーツ選手を目指してもいないのに、無駄にお寺の長い階段をうさぎ跳びで上がったりしていましたからね（笑）。

そのくらい**栄光目指して根性で頑張ることが、最高の人生につながると信じて疑**

いませんでした。

## 「悲壮感たっぷりの我慢」をしてしまうワケ

果たして楽しいことをすることは、いけないことなのでしょうか？

好きなことを思うままにやることは、悪いことなのでしょうか？

それは怠惰（たいだ）な人間がすることなのでしょうか？


決してそうではないと思います。私はエジソンに会ったことはありませんが、エジソンだって、発明が好きだったからこそ熱中していたのだと思います。

発明なんて大嫌いだけど、世のため人のために頑張らなければと悲壮感たっぷりにやっていたわけではないはずです。

でも私たちは、そういうふうには教えられなかった。

そして、やりたくないことでも我慢して続けなさい、そんな努力のできる人になりなさいと教えられる。

ちょっとやそっと何かができたくらいで、いい気になってはいけない。いつも自分の至らないところに目を向け、それを努力によって克服してこそ、真の向上があると教えられる。


あなたはどうですか？

**「苦労と引き換えにしないと幸せになれない」と思ってきませんでしたか？**

自由に思うままに生きることを、どこかで悪いことだと思っていませんか？

そんなことをしたら他の人に申し訳ないと、勝手に罪悪感を抱いていませんか？

ものすごく頑張らないと、自分を認めない傾向はありませんか？


もしもそんな価値観を受け入れていたとしたら、あなたは思った通り、なかなか幸せになれなかったはずです。

ラッキーなことが起こったとしても、なんだか申し訳ない気持ちになってしまう。

そして、潜在的に自分を罰してしまう。だから、実際にアンラッキーな出来事を現実化してしまうんです。

これって頭で理解できる以上に、根深く刷り込まれている価値観ですよ。
特に、今40代後半以上の方は、そういう教育を受けてきた傾向があります。
これに関しても、よ~く自分に聞いてみてください。

# 宇宙はいつでもあなたに「大盤振る舞い」したい

ここまで、多くの人が自分の本当の望みではなく、他人の価値観に自分を適合させようと、悪戦苦闘をしてきたということをお話ししてきました。

**他人の価値観に適合させることは、あなたの本当の魂の望みではなかった。**だからこそ、うまくいかなかったし、なかなかその要求水準をクリアできなかったのです。

それはあなたが怠慢で、努力不足で、やる気のない人間だったからではありません。もしかして今日まで、ずっと自分のことをそんなふうに思ってきませんでしたか？

自分は落ちこぼれ。社会不適合人間。何をやっても、ものにならない人間。そんなふうに自己卑下（ひげ）をしてきませんでしたか？

今の日本の中で、どうしてこんなにも多くの人が自己卑下をしているのかと言えば、他人の基準に適合させることが必要以上によしとされてきたからなんです。

そんなものを振りかざされたら、ごくごく少数の人しか、自分のことを認められません。

様々な条件をすべてクリアしているかのように見える人たちだって、内心は「この状態を何とかキープしなければ」と必死です。その意味では、**本当に自分らしく生きることにくつろいでいる人**は、もっともっと少ないでしょう。


自分が「他人の価値観」にとらわれていることに気づかずに、自分を卑下し続けると、どういうことになるか……。

「こんな自分なんて幸せになれるわけがない」

「私は幸せを受け取る価値のない人間だ」

そう思い込むようになってしまいます。

そうなると、せっかく幸運が舞い込んでも、
「私のようなものが、そんな幸運を受け取っては申し訳ない」
「こんな私に幸運が訪れたら、きっと嫉妬(しっと)されて、足を引っ張られる」
「私のような価値のない人間にそぐわない幸せは、きっと奪われるに違いない」
「幸せなんていつも奪われるんだから、傷つかないように受け取らないようにしよう」

そんなふうに思ってしまいます。

**ああ、もったいない……。**

## 両手を広げて遠慮なく受け取ってOK

プロローグ（5ページ）で、あなたの願いが叶わないふたつの理由のうちのひとつが、「自分には、それを受け取るだけの価値がない」と思っていることだとお伝えしましたよね。

**あなたは、あなただから素晴らしいんです。**

宇宙はあなたを、**宇宙の最高傑作**として生み出しました。

宇宙はあなたを愛することに、いかなる条件も付けていません。あなたも宇宙と同じように、私はこの私であるだけで素晴らしいと思っていいんです。

そうすれば、宇宙の周波数と同調するようになり、あなたが何かの条件をクリアしているか否かにかかわらず、ラッキーもミラクルも、どんどん流れ込んできます。どんなに素晴らしいことも、両腕を広げて遠慮なく受け取ってしまっていいのです。

**宇宙はいつも、あなたに与えたいと思っています。**

でもあなたのほうが、それを遮(さえぎ)ってきただけです。

それって、すごく馬鹿馬鹿しいことですよね。

自分は今までこういう価値観で生きてきたなと思い当たるなら、そんなもの今すぐ手放していいんです。

**あなたに価値がないなんて、全くの誤解ですから。**

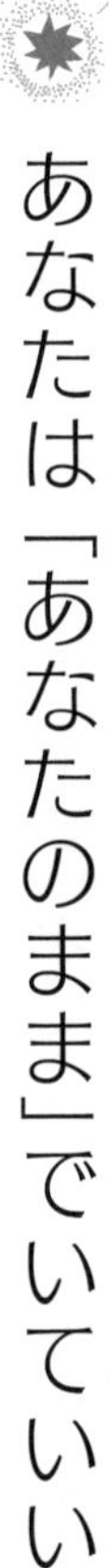

# あなたは「あなたのまま」でいていい

ここまで読んできて、自分が本当の望みではなく、「他人の価値観」に振り回されて生きてきたということに、どのくらい気づきましたか？

親に認めてもらおうと頑張ってきて、あなたは本当に満たされましたか？

幸せでしたか？

あなたではなく、親にＯＫかどうか決めてもらおうとしてきたから、いつまでも親に振り回され、満たされなかったんです。

「勝ち組」というものにとらわれて、それを追いかけて、うまくいきましたか？

**あなたを本当に満たす条件は、人がもてはやすような外側の条件ではない。**それはあなたの内側にしか存在しないし、あなた以外の誰にも決めることができないものなんですよ。それなのに自分の内側に耳を傾けるのではなく、外側にとらわれ続けていたので、うまくいかなかったし、徒労に終わったんです。

みんなと同じか、それ以上を目指して、周りの目を気にして生きてきて、楽しかったですか？

自由に生きられましたか？

そんなわけありませんよね。とっても息苦しかったはずです。

みんな違って当たり前なのに、そんな不自然な生き方をしてのびのび自由でいられるはずなんて、ありませんから。それどころか何をやっても心から楽しめなかった。

**自分が自分らしくいられるときに、人は本当に楽しめるし、くつろげるんです。**

だけど、その逆のことをずっとしてきたわけですから、疲れきって当然です。

それから、苦労と引き換えにしないと幸せになれないという価値観を受け入れていたとしたら、幸せが遠のいて当たり前です。これは別な言い方をするなら、「苦労し続けないといけない」と思っているということでもあります。だから、苦労し続けた。他人の荷物まで背負うようなことになってしまったんです。

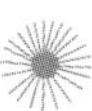

## 「私は私の生きたいように生きる」ことを許す

「他人の価値観」という重荷を下ろすためには、「他人の価値観」で生きることが、いかにうまくいかなかったか、いかに満たされなかったか、いかに消耗したか、いかに苦しいだけだったか、肚(はら)の底から認めることなんです。

この生き方が、明らかに機能不全を起こしていることを、「これでもか」というほど思い知ることなんですよ。

これが何よりも一番大事なことです。

「他人の価値観」で生きることがあまりに当たり前になっていて、無自覚な状態であったから、その状況から抜け出せなかっただけです。

もしも、「ああ、この生き方はうまくいかないんだな」って深いところで腑に落ちたとしたら、もう無自覚ではなく、意識的になります。

意識的になれば、もう余計なものを目指さなくなります。無駄に消耗しなくなります。

**人は人、自分は自分でいいんだって思えるようになります。**

ところで、一番強烈に多くの人を「魂の望み」から引き離してしまうものは、やはり何と言っても「親に認められること」を優先してしまうことなんです。

でも、このことをはっきりと自覚し、意識的になることは、何も親を捨てたり、拒絶したりするということではありませんからね。

親は親、自分は自分になるということです。

親は親の生き方をすればいい。

でも、**私も私の生きたいように生きる。**

そのことを心から自分に許すだけのことです。

それぞれの生き方を尊重するだけで、親子の愛が失われたわけではありません。

成熟した大人として自立して生きようとするなら、むしろこっちのほうが健全な関係です。

これはとても重要なことなので、誤解のないように。

# 書くことで、手放すべきものが見えてくる

自分以外の誰かの承認や賞賛、愛を得る代わりに、自分が「他人の価値観」を受け入れてきたこと。

そして、他人の価値観を受け入れ、その基準に見合う人間になるために頑張っても、結局それが本当にやりたいことではなかったがために、それらの条件はクリアできなかったこと。

それによって、やりきれなさや虚しさや苦しみを味わい、疲れきっていたということ。これらをだいぶ認識できるようになってきたと思います。

それでは、**具体的にどういう「他人の価値観」が自分を抑えつけているのか、**この際、もっとはっきりさせましょう。

「そう言われてみれば、ずっと親に認めてほしいと思ってきたなあ。だから自分が何をやりたいかなんて、わからなくなってしまったんだなあ」

ここまでは気づくことができると思います。

でも、その親の期待が、具体的にどういう人間になることだったのか、どんな要求を満たす人間になることだったのか、そこまではっきりさせないと、ぼんやりしたままで、また同じことを繰り返してしまいます。

だから、ここで一度しっかり時間を取って、具体的に明確にしてください。

Q まず、親から刷り込まれた価値観のうち、自分を抑えつけている価値観は何だと思いますか？

Q あなたは親にどういう人間になるべきだと言われてきましたか？

Q 何ができる人間になれば幸せになれると教え込まれてきましたか？

親に反発して、親の期待に反する生き方をしていたとしても、どこかでそれに対して後ろめたさを感じているなら、あなたはまだその価値観から脱皮できていません。心の底では、親の求めるような人間になるべきだと思うから、後ろめたさを感じるんです。つまり実際にどういう人生を選んだのかが問題なのではなく、その親の価値観が自分を縛っているかどうかが問題なのです。それを注意深く見極めてください。

## 自分を見つめる「スケッチブックワーク」

**本当に自由になるためには、ごまかさず、正直であることが大事です。**

私は**スケッチブックワーク**というものを提唱しています。それはスケッチブックに太い筆ペンや太字のサインペンなどを使って、最低でも3㎝四方の大きな文字で書き出すというワークです。小さい文字で書くよりも、大きな文字ではっきり書き記すことで、明確化が促進されますし、書き出した時点で解放が始まるのでオススメです。

これから以下のそれぞれの項目について、あなたを縛り、不自由にしている価値観はあるか、振り返ってみてください。その価値観が役に立っているならいいのです。そうではなく、あなたを不自由にし、苦しめている価値観があったら、それを紙に書いてメモしておいてください。

＊性格
＊行動規範
＊人との付き合い方
＊容姿
＊身だしなみやファッション
＊女性らしさ、男性らしさ
＊職業
＊お金の使い方
＊部屋や家などの環境

……まだまだあるかもしれません。これ以外に思い当たるものがあったら、紙に書いておきましょう。

親の価値観のうち**自分を抑えつけている価値観**がはっきりしたら、今度は、学校や会社、マスコミ、SNSから刷り込まれた価値観も同様に見ていきます。

あまり考え込まずに、思いつくままどんどん書き出していくと、ある時点から芋づる式に出てくるようになりますので、ためらわず、何でも思いついたら、書いておいてください。

# 「この生き方はNO」と自分が決めるだけ

前の項目で、あなたにとって機能していない「他人の価値観」が何であったのか、具体的に書き出しましたよね。

だいたい思いつく限り書き出したら、もう一度読み直してみてください。

読み直すと、さらに「ああ！　あれもあった」って思い出したりしますので、それも追記します。そして、もう全部出しきったなという気がしたら、もう一度読み直してみてください。

どんな感じがしますか？

今までこんなにもたくさんの条件を自分に突き付けてきたんだと、ちょっと驚くかもしれません。そんなことを今日までやってきたんですよ。それがどんなに機能していないか、よ～く目を見開いて、しっかりと肚に落としてください。

もちろん、それによって身に付いたことも確かにあった。これもこれで、実はあなたという人間を形成するうえで、必要なプロセスでもあったんです。だから、そんな自分を否定する必要もないし、これまでの人生を後悔する必要もありません。

そうではなく、**これらの価値観を採用しないと決めるだけでいい**んです。

**自分以外の何者かになろうとしなくていい。**

そもそもあなたは「宇宙の最高傑作」ですし、魂の望みを生きて、人生を豊かに生きられるだけの力が備わっています。その力が、他人の価値観を生きてきたことによって、表に出ない状態になっていただけのことですから。

だから、もう一度選び直す。

私はこれらの「他人の価値観」で生きることはやめると心の底から決めてください。

## やればやるほど自由になれる「訣別の儀式」

決めたら、**「訣別（けつべつ）の儀式」**を行ないましょう。
やり方をご説明しますね。

1 最初に宇宙に、
「私がこれらの他人の価値観を手放し、魂の望みを生きられるようにサポート
してください」
と要請してください。心の中で唱えればＯＫです

2 前項で書き出した、自分を抑えつけてきた「他人の価値観」の紙を両手でつか
みます

3 目を閉じて、全身に染みついているこれらの価値観のエネルギーを全細胞から
思いっきり息とともに吐き出し、そのエネルギーを紙の中に入れるとイメージ

してください。全細胞から出しきった気がするまで、お腹から何度も息を吐き出してください

4　もうすべて出しきったと感じたら、目を開けます

5　そしてそれらの価値観に対して、「私は今日、これらの『他人の価値観』を手放し、私の魂の望みを生きると決めました。今までありがとうございました」と言って、紙をビリビリに引き裂いて捨てます

これによって気持ちだけではなく、エネルギー的にも浄化されるので、だいぶスッキリすると思います。この儀式は、形だけでやるのではなく、魂を込めてやることが大事です。

あなたが本気で魂を込めてやればやるほど、染みついた古い他人の価値観から自由になることができます。

そうすれば疲れきって消耗していたあなたに、力が戻ってきます。そして今まで**他人に認めてもらうために使ってきた力を、自分が本当に満たされることのために使うことができるようになっていく**でしょう。

この儀式は、この先も、自分が受け入れる必要のなかった他人の価値観を受け入れていると気づいたときに、いつでもやって構いません。ぜひ活用してください。

## 「今、この瞬間」に集中すると、宇宙とシンクロ♪

これまで何十年間も、「他人の価値観」で生きてきたんです。そっちの歴史のほうが圧倒的に長いわけですから、自分を抑えつけているものに気づいた後も、つい「他人の価値観」に振り回されそうになることもあるでしょう。

そんなときは、**そういう自分を否定しなくていい**のです。一歩離れたところから今の自分をよく観(み)るだけでいい。

今、「見る」ではなく、「観る」という漢字を使いましたよね。

そうなんです。ポイントはよく観ること。観るとは、観察すること。その中に巻き込まれて、自分が何をやっているのかワケがわからない状態になってしまうのではなく、自分の今の気持ちをちゃんと自覚し、そのままよく観察することが「観る」ことです。

**否定もせず肯定もせず、ただ観察していれば、そこに距離ができて、巻き込まれなくなり、やがて気持ちも落ち着きます。**そして落ち着けば、また「他人の価値観」から離れることができます。

## たとえ「51点」だって上出来！

**なんでも100点を取ろうとしなくていいんですよ。**あっ、これもこれまでに刷り込まれてきた他人の価値観でもありますね。気づいていますか？

「完璧であろう」と、少しのブレも許さないほど自分を追い詰めると逆効果です。それがまた不自由さを生み出し、魂の望みを遠ざけてしまいます。

だから、51点でよしとする。半分より少し上回っているだけでいいんです。そうすれば、ちゃんとそっちの方向に物事は動いていきます。

ほんのちょっと傾いているだけでも、ビー玉を転がせば、ちゃんと傾いているほうに転がっていきますよね。

それと同じです。ほんの少しだったとしても、意識的であろうとする方向に傾いていれば、無意識に他人の価値観に飲み込まれることが、なくなってきます。

それに、何かひとつでも機能不全を起こしている「他人の価値観」をクリアすれば、さらに勢いがつきます。そうして気づいたら51点が65点になり、80点になっていきます。

だから、焦ることはありません。じっくり確実にいきましょう。焦って早く結果を出そうとするから、かえって葛藤が生じ、うまくいかなくなる。あなたもこれまでの人生でそういうことを散々体験してきたでしょう。

**焦るから、かえって実現が遅れる。**

結果にとらわれず、今この瞬間にできることに集中していれば、実は焦ってどうにかしようとするよりも、ずっと展開が早くなります。

なぜなら、そこに宇宙の力がはたらくからです。何でも自分でどうにかしようと力まずに、流れのままであるとき、宇宙の流れとシンクロします。そうすれば、あなたに向かって無限の宇宙から大きな力が流れ込む。その**宇宙の力が、あなたを楽に幸せな方向に運んでくれる**のです。

今はまだリハビリ期間なんです。骨折して、まだ骨がくっついていないのに、ギプスを無理やり外して、全力疾走したら、もっと大きなけがになってしまいます。

ゆっくり確実にいきましょう。

# 3章

# 「勝手にうまくいく体質」は作れる！

## ——内側から輝き、ミラクル連発☆

# 「宇宙の最高傑作」としての自分をいとおしめばOK

ここまでに、自分を抑えつけている他人の価値観が具体的には何だったのかをはっきりさせ、それらを手放してきました。

ここからはいよいよ、自分の本当の望み、つまり**「魂の望み」を知るフェーズ**に入ります。

私たちは、これまで他人の価値観を自分に押しつけ、その条件に見合う人間になろうと何十年間も頑張ってきました。ですから、せっかく自分にとって不要な価値観を手放しても、「人から受け入れてもらえない」と感じた拍子に、反射的に相手の価値観を受け入れてしまいそうになる可能性もあります。

ですから、自分の望みを具体的に掘り下げる前に、**他人の価値観に振り回されにくい体質をしっかり作っておくことが重要**です。

結局、「自分はこのままでは愛されない」という不安が、まわりからの要求に見合う人間になろうとした最も大きな要因でした。

だからまず、あなた自身が**宇宙の最高傑作である「ありのままの自分」を愛する**ことが、何よりも大切です。どんな自分自身も心から愛すれば、わざわざ自分以外の人間になろうとしてまで、人に愛されようとはしなくなる。

無理をしたり、背伸びしたり、カッコつけたりしなくなります。

ところが不思議なものですね。「ありのままのあなた」でいることによって、無理したりカッコつけたりして愛されようとしていたときよりも、結果的にまわりからも愛されるようになるんです。

なぜなら**人の魅力とは、その人がその人らしくあることによってあふれ出るもの**

だからです。非の打ちどころのない人間なんて、あなただって近寄りがたいでしょうし、面白味もないですよね。

## 「人生を自在にクリエイトする私」が誕生！

そこで、「自分にたっぷりと愛情を注ぐワーク」を次項でご紹介します。

とてもカンタンにできるワークですが、続けていくうちに、自己受容が進み、人の言葉や態度がどうであれ、自分は自分であると思えるようになります。

それは、「ありのままの自分」にくつろげるようになるということ。

そして、**自分の思うままに、人生を創造していけるようになります。**


4章で、自分の望みを具体的に掘り下げていくことになりますが、その前に、自分の「魂の望みに近づくためにできること」もご紹介しようと思います。

この章で紹介することをしっかりやれば、自分らしく生きられる体質になるだけでなく、**魂の望みが何なのかにも気づきやすくなります。**

ここで紹介することは、どれもそんなに難しいことではありません。誰でもできることです。でも、すべてを完璧にやろうとしなくてもいいのです。

あなたが「これをやってみたい」と思うことをひとつでもふたつでも、できるところからやってみてください。

# 自分にたっぷりと愛情を注ぐワーク

あなたがまわりの要求水準に見合った人間になろうとしてきたのは、そのほうが愛されると思ったからですよね。

本当は、**自分がこの自分を大切な存在として愛する以上に、深く満たされる道はない**んです。なぜなら、人にどう思われるかを基準にする限り、あなたが満たされるかどうかは、いつも相手次第になってしまうからです。そのことは、これまでにもお話ししましたね。

ですからまず、**あなたがあなたにたっぷりと愛を注ぐ**ことです。どんな自分であっても、その自分をただただ愛する。

これから自分を受け容れる2つのワークをご紹介します。どちらもとってもカンタンで、すぐにできます。

私自身も毎日やっています。そしてやるたびに愛で満たされ、心地よくなり、気分爽快になります。ぜひ、毎日の習慣に取り入れてみてください。

### 1 自分を抱きしめるワーク

＊両腕で自分を抱きしめます

＊軽く目を閉じて、心の中で自分に向かって、次のように言います

「あなたはとっても大事な人だよ」

「どんなあなたのことも愛しているよ」

「これからもあなたのことを大事にするね」

### 2 完全性を浸透させるワーク

＊朝、目覚めたら、横になっている状態のまま、両手を胸の中央（この奥に魂があります）に重ねます

＊軽く目を閉じて、心の中で「私はありのままで完全です」と唱えます
＊これで終わってもいいですし、もっと他に自分にかけてあげたい言葉があれば、続けてかけてあげてもいいです
＊たとえば、「私は必要なものはすべて持っています」とか「私は宇宙とひとつです」などもいいですね
＊寝る前にも同様のことをします

**朝起きたときも、寝る前も、潜在意識にアクセスしやすい意識状態です。**

この状態で「私はありのままで完全です」という言葉を唱えると、「自分がそもそも完全である」ということが浸透しやすくなります。

このワークは、これまで出版してきた私の本の中で何度も紹介しているワークですが、たった3秒程度でできることなのに、繰り返すことで、本当に自己受容が進みます。ですので、ぜひ活用してください。

## 自分の中から〝想像以上のパワー〟があふれてくる！

どちらのワークも、自分に対してダメ出ししそうになったときや、気分が沈んでいるとき、イライラしているときなどにもやってみてください。

もちろん、気分がとてもいいときにやってもいいし、トイレに入るたびに気軽にやったっていいんです。

これまでにこれを続けてきて、強烈な自己否定からくる鬱（うつ）から立ち直った人もいます。そしてもちろん、魂の望みを生きられるようになった人もたくさんいます。

なぜそんなに効果があるのかというと、他人の愛という当てにならないものに振り回されなくなるので、**「本当にやりたいこと」に向かって、エネルギーを集中できる**ようになるからです。

**あなたには、今想像できる以上の大きな力があります。**

これまではその力のほとんどを、人から求められる基準を満たすことのために使ってきました。そして、どんなに頑張ってもそれがうまくいかなくて、とても疲れていたはずです。

でも、自分を心から愛する方向に意識を向けただけで力が取り戻され、もっと自分を幸せにするためにその力を使えるようになってきます。

# 「見なくていい情報」から自分を守る

せっかく他人の価値観と訣別したなら、この際、**余計な情報から離れましょう。**

たとえばテレビ。テレビは毎日、ものすごい量の情報を発信しています。

もっとお金持ちにならないとダメ。
いつまでも若々しくないとダメ。
こういう容貌でないとダメ。
こんなふうに健康に気を遣わないとダメ。
こういうおしゃれをしないとダメ。
こんな生活スタイルで生きないとダメ。

……様々な情報であふれかえっています。

もちろん、役に立つ情報もあります。けれども、自分に必要な情報がどういう情報なのか主体的に選ばず、**受け身で見続けていると、知らないうちにあなたに不必要な価値観が刷り込まれてしまいます。**

番組表を見て、本当に必要な番組を決めて見るか、録画しておいて自分のタイミングで後から見るほうがいいでしょう。

インターネットも同じです。ネットはテレビよりも巨大な情報が渦巻いています。とてもテレビの電波に乗せられないような、わざわざ見なくてもいい情報が興味本位でアップされているサイトもあります。

インターネットは世界中の人がアクセスするものだからこそ、その情報にアクセスする人たちの集合意識とも結びついています。

私もブログを書いていますが、読者の方に「ゆきのさんは、私のことを見ていたのですか？　あまりにタイミングがピッタリの記事に驚きました」とコメントされることがよくあります。私のブログも毎日何万という方に読んでいただいているので、そこに一定の集合意識が形成されているのでしょう。だから、そういうことも起こるのだろうと思います。


それにしても私のブログの読者さんは、ピュアでハートフルな方が多く、いつも本当に恵まれているなあと感謝しています。

でも、私のブログもある意味そうなのかもしれませんが、どんなブログでもやはりある一定の価値観は表現しています。それが自分に合わない気がしたり、読んでいるだけで気分が悪くなったりするなら、わざわざ読む必要はありませんよね。

それからフェイスブックやインスタグラムなども、楽しい投稿や役に立つ情報もありますが、他者からの承認や羨望（せんぼう）を勝ち取ろうと自己顕示しているだけの投稿も結構あります。その人が心の奥底では自己否定していることもあり、そういう投稿は正直言って、あまりいい波動を出していません。

それがわからずにそうした情報に触れ続けていると、自分もリア充アピールをしなければと無意識に駆り立てられてしまうこともあります。

今の時代は、実は**モノの断捨離以上に、情報の断捨離も大事な時代**だと思います。意識して本当に必要な情報にだけ触れるようにしましょう。

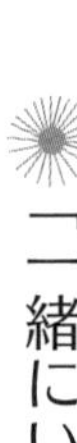

## 「一緒にいると楽しくて触発される人」に囲まれるには？

それから人付き合いも、一緒にいて本当に楽しくて、触発される人だけにしてもいいんです。友達が多いことがいいことのように教え込まれてきたかもしれませんが、そうとも限りません。

本当は付き合わなくてもいい人のために、あなたの大事な時間とお金を使う必要はありません。その時間とお金を、本当に付き合う価値のある人に使ったほうが、もっと充実した人生になります。

寂しいからといって、誰かにすがったり、無駄に群れたりするよりも、**妥協せずに鮮烈な「個」を確立したほうが、結果的に本物の親友ができる**のです。

もしも家族が自分にとって苦痛を与える状態なら、一人暮らしを本気で考えたっていいんです。

これからは人付き合いも受け身ではなく、主体的に、「**あなたが選ぶ立場**」であってください。

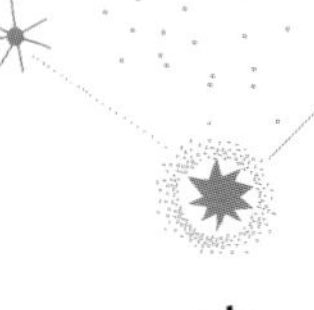

# ゆったりと「自分をねぎらう時間」を作る

これまで、あまりに他人の価値観に振り回され、自分に「もっとこういう人間になれ」って無理難題を押し付けてきたのです。ですから、精神的な疲れもたまっていますし、もちろん自分が本当は何を望んでいるのかなんて、じっくり聞いてあげる余裕もなかったでしょう。

ですから、**他人の価値観を手放し、余計な情報から離れたら、一人になって自分をたっぷりとねぎらってあげてください。**

何も特別なことをしなくてもいいんです。

お気に入りのお茶をボトルに入れ、景色のいい場所で飲むだけでも癒やされます。

遠くに行かなくても、好きな音楽をかけながら、家でカフェのようにテーブルセッティングをして、お気に入りのティーカップで大好きな飲み物を飲んでもいいと思います。

バスタブに好きなアロマオイルを入れてその香りを楽しみながら、ゆったり入浴するのもいいですね。

ちょっと奮発したいなら、ハイクラスのホテルに一人で宿泊するのもオススメです。

とにかく、リラックスできて、あなたが心地よくなれることなら、何でも構いません。あなたはとても大切な人だから、**あなた自身が自分を大切に扱うこと**を実際にやってみるんです。それだけで、これまでの疲れがほぐれていきます。

## 「私らしく生きる」感性を取り戻すコツ

そして一人になってくつろぎながら、愛をもって自分に寄り添います。

「今まで、本当は望んでもいないことを、無理やりやらせようとしてきてごめんね」
「要求ばかりして、あなたの心の声に耳を傾けてこなかったかもしれないね」
「今日はどんなことでも言っていいよ」
「今度こそ、ちゃんと聞くよ」

そんなふうに自分に声をかけてみてください。そうすれば、あなたの魂の望みの輪郭がぼんやり見えてくるかもしれません。

でもこの声かけは、魂の望みを知ることが目的ではありません。自分をねぎらい、心の声に耳を傾けること自体が目的です。なので、「今日という今日は、魂の望みをはっきりさせてやる！」と、自分を追い込んだりしないでくださいね。

長いこと、しんどい思いをさせてきたんです。

だから、まずは**緊張を緩め、疲れを癒やし、自分から「自分」にもっと近づいてください。**

できるなら、一日の中で5分でも10分でもいいので、**自分をねぎらう時間**を持ちましょう。

それによって、自分以外の何者かになろうとして、外側に張り巡らしてきた鎧(よろい)が徐々に剝(は)がれ落ちていきます。

そして、自分が感じていることを、もっと敏感に感じ取れる感性が取り戻されていくでしょう。

焦って自分を追い立てることは、もしかすると何十年もやってきたかもしれませんよね。だから今度は、ゆったり自由にさせることに慣れてください。

# これまでの価値観と「逆さまなこと」をしてみる

2章で、自分を抑えつけていた他人の価値観を手放しましたよね。

今度は、その逆の価値観を自分に許してみるのです。

たとえば、「どんなにひどいことをされても、笑顔で優しくしなければならない」という価値観を握(にぎ)りしめていたとします。そんな観音(かんのん)様のようないい人でいないと、人から愛されなくなる。そう思って、たとえイヤなことをされても「NO！」と言うことを自分に許してこなかったわけです。

そんな価値観を自分に押し付けていたら、ストレスもたまるし、人からも大切にされません。それどころか、人からひどい扱いを受ける自分自身を「価値がない」とますます思い込んでしまいます。こんな価値観にとらわれる必要はありませんよね。それに、あなたは大事な存在なのですから、ひどいことを言われたら、それに抗議する資格もちゃんとあります。

だから、**今までと逆の価値観を採用してみる**のです。

ひどいことを言われたり、ひどいことをされたりしたら、

「そういうことをされるのはイヤです。やめてください」

と明るくはっきり言ってみる。

すると、きっとわかると思います。

どっちが自然なことなのか。どっちが自分にとって本当に気持ちいいことなのか。

もし、こっちのほうが気持ちいいと感じたのだとしたら、**その気持ちのいい価値観をこれからは選択していっていい**のです。

逆に、どんなに人を踏みにじってでも、成功しなければならないと思い込んできたとします。そして手段を選ばずのし上がってきて、確かにある程度の成功は手にした。だけど、たくさんの敵を作ることになってしまった。そのせいで今や伸び悩

んでいる。それで、親から刷り込まれたこの価値観は機能不全だと気づき、手放したとします。

そうしたら、今度は逆に、損得抜きに人が成功することを応援してみる。この人はこんなに素晴らしい人だと人に紹介してみる。

混んでいる電車の中でも、いつものクセで人を押しのけて座ろうとせずに、あえてゆったり構え、人に譲るスタンスでいってみる。

とにかく機能不全を起こしていた価値観とは逆のことをしてみてください。

## 本当に「心地よい生き方」を見つけるために

**自分の本当の望みとは案外、自分を抑えつけていた価値観と逆のところにあるものなんです。**今までと逆のことをしてみることで、どっちが本当は心地よく、満たされることなのかはっきりします。

だけど、逆のことをしても、やっぱり居心地が悪いかもしれません。やっぱり人の顔色が気になったり、誰かに出し抜かれるんじゃないかとビクビクしたり……。

その場合は、もう一度自分によく聞いてみてください。

あなたを幸せにしてこなかったこの価値観を、この先も握りしめていくのかどうか……。

自分はまだ、条件付きでしか愛されないと思っているのではないか？

もし条件付きでしか愛されないと思っているようなら、「自分にたっぷりと愛情を注ぐワーク」（122～124ページ）をしっかりやってください。

自分がこの自分を愛していなければ、どうしても人からの愛や承認を得ようとして、人の価値観に自分を適合させようとしてしまうんです。

だから**何度でも自分に愛を注ぐ**。どんな自分であっても、誰でもないあなた自身が、そのあなたを愛するんです。

# 4章

# あなたの「まっさらな心」が本当に望んでいること

## ——心からくつろげるライフスタイルの見つけ方

# 「あなた」という大輪の花をどこで咲かせる？

1章で、植物の話をしたのを覚えていますか？

サボテンは乾燥した砂漠地帯でよく育ち、稲は苗を水田に植えて、最初のうちはたっぷり水を与えたほうがよく育つ。ブドウは水はけのよい扇状地に植えるとおいしくて濃い味の実をつける。そんな話をしましたね。

植物にはそれぞれの生育に適した環境があり、その環境に植えれば、誰に教えられるまでもなく、ちゃんと育っていきますよね。それと同じように、人間にもそれぞれの人がのびのび生きられる環境というものがあります。その環境に置かれれば、ちゃんと芽を出し、花を咲かせられるようにできています。

「魂の望み」の中でも、まず、**どんな環境で、どんな人間関係で、どんな生活パタ**

**ーンで生きることが自分にとってベストなのか**、ここではそれを具体的にはっきりさせていきます。それがあなたという花を咲かせるために適した土壌なんです。

## 「人から見てどう思われるか」を抜け出した先にある世界

自分に合った土壌……これに関して私たちは、わざわざ聞かれるまでもなく、わかっているつもりでいました。そして、その「わかっているつもり」のことが実現するように願い事をしてきました。だけど、それはなかなか叶わなかったのではありませんか？

なぜ叶わなかったのか……。それはひとつには、「自分にはそれを受け取るだけの価値がない」と思ってきたこと。これに関しては前の章で、その思い込みを手放せるということについて、お話ししましたね。

そして、もうひとつの理由は、多くの人が自覚していないことなのですが、**「それが魂の望みではなかったから」**なんです。他人の価値観を鵜呑みにして、それさえ手に入れば幸せになれると思い込んできたからです。

様々なステップを経て、今やっと、自分の「魂の望み」ではない他人の価値観を認識できるようになってきました。そして、それを手放すこともしました。ですから、今だったら、自分にとって本当にふさわしい環境とは、人間関係とは、生活パターンとは何なのか、もっとはっきりさせられるはずです。

人から見てどう思われるかを基準にするのではなく、自分にとってそれが本当に心地いいものなのか、それを基準に判断できるようになってきているはずです。

**もう一度心をまっさらにして、あなたが本当に望んでいる環境、人間関係、生活スタイルが何なのか、見つめ直していってください。**

この章を通して、あなたという大輪の花を咲かせる土壌がはっきりしたら、今できる限りのものを自分に与えてあげてください。たとえ仕事をいきなり辞めることができなくても、家の中の環境を自分にとって居心地のいいものに変えることなら、すぐにでもできますよね。できることから、どんどんやりましょう。

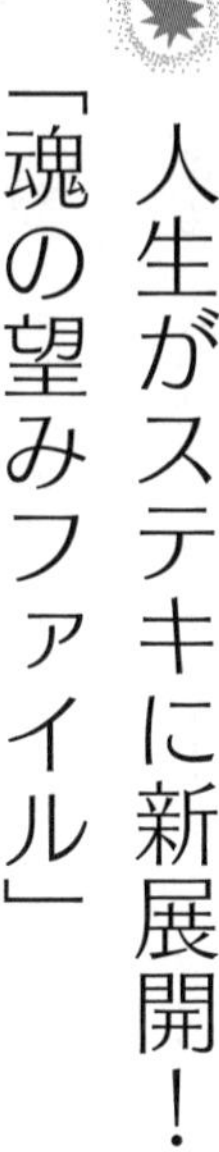

# 人生がステキに新展開！「魂の望みファイル」

これから、環境、人間関係、生活パターンの３つの側面について、あなたの本当の望みをはっきりさせていきます。

そのために、**「魂の望みファイル」**を作ります。

このファイルは、後からページを増やしたり外したりできるように、シートを追加できるバインダー方式のものにします。サイズはＡ４くらいがいいでしょう。そんなバインダー方式のファイルと、ルーズリーフなどの書き込みシート（１００枚くらい）、厚紙の見出し用紙（インデックスシート）を購入します。１００円ショップや文房具店でも売っていますので、できるだけお気に入りのデザインのものを購入してください。

何しろ「魂の望み」を書くためのファイルです。ファイル自体があなたの好みにぴったりで、手にするたびにテンションが上がるものがいいに決まっていますよね。

**魂の望みというのは、ひとつ見つけると、芋づる式につながって、どんどん出てきます。**ですから、さらに新しい望みがわかったら、それも追加していきます。

逆に、最初は「これが魂の望みだ」と思っていても、人生が展開していくにつれて、望むことも更新されていきます。なので、この望みはもう古いと思ったら、ファイルから外していきます。

こんなふうに、できるだけリアルタイムの魂の望みがファイルされているようにするのがポイントです。「魂の望みファイル」の作り方は、216～217ページで図解していますので、合わせて参考にしてみてください。

## キーワードは「ときめく」「落ち着く」「くつろげる」

まず、**環境、人間関係、生活パターン**の3つの側面ごとに見出し用紙を挟んで分けます。

次項から、環境、人間関係、生活パターンの順に見ていきますが、この3つの側面は、さらに細かい項目で分かれています。各項目の中に例を挙げていますので、それを参考にして、どういう状態が自分にとって一番フィットするのかをはっきりさせていきます。

書き込みシートは、項目ごとに新しいシートを使います。

そのシートに自分が望むことを具体的に書いていきます。文字で書くだけでなく、それにぴったりの写真があればそれを貼ってもいいし、自分でイラストを描いてもいいし、シールを貼ったり、マスキングテープを貼ったりしてデコレーションしてもいいです。やり方は自由ですから、あなたのイメージが膨らむように、楽しみながらやってみてください。

それから、もうひとつ大事なことがあります。

何が魂の望みなのかを知る判断基準です。それは、以下の3つの感覚です。

・**ときめく**
・**落ち着く**
・**くつろげる**

この3つすべてが揃う必要はなく、どれかが当てはまればいいです。逆に、

・**居心地が悪い**
・**緊張する**
・**ざわざわする**

などの感じがするなら、それはあなたに合っていないというサインです。

何度も言いますが、**人から見てどう思われるかではなく、あくまでも自分にとっ**

**て本当に心地いいかどうかを基準にしてください。**

たとえば、どんな家に住むかということに関して、10LDKの豪邸が浮かんだりするかもしれません。でもそれは往々にして、人に自分の力を見せつけるためであったりしたりします。そんなにたくさん部屋があっても、使わない部屋が多く、維持管理にお金と労力がかかって大変で、実は居心地が悪いということもあります。

世間でもてはやされていることや、常識といわれることに惑わされないこと。これはとても大事なことなので、よく肝に銘じておいてください。

それから、「これは現実的には無理だ」などと制限を加えないこと。どんなことでも自由に発想してください。**あなたの魂が心地よく感じることなら、それでOKです。**

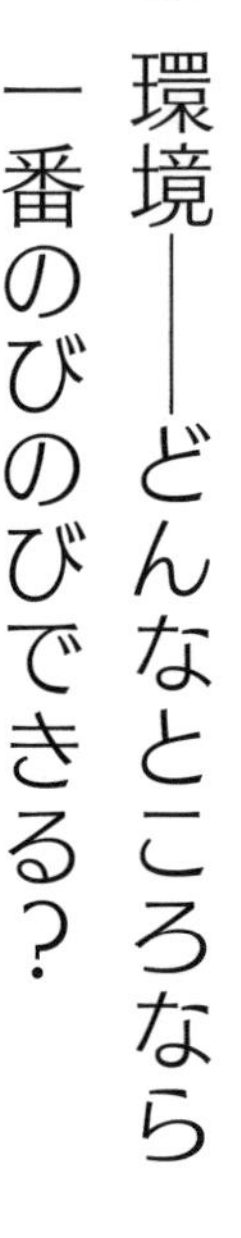

# 環境——どんなところなら一番のびのびできる？

まず、「環境」の側面を見ていきます。「魂の望みを知る」という言葉を聞くと、どうしても最初に、ライフワーク（生涯をかけて取り組む仕事・活動）が浮かぶ人が多いと思います。本当にやりたいライフワークさえ見つかればうまくいく。そんなふうに、これまでのスピリチュアルの世界では言われてきました。

だから必死になって自分の好きなことを見つけようと、ちょっとでも興味のあることがあれば習いに行ってみたり、ライフワークを発見するワークショップに参加したりする人も多かったと思います。

それが別に間違っているわけではありませんよ。でも、本当のことを言うと、**ライフワークって探さなくても大丈夫なんですよ。**なぜなら、「やりたいこと」って、そもそも自分の中に備わっているものだからです。そもそも備わっているものをちゃんと表に出すには、**自分にとって最も心地よく、のびのびと力の発揮できる環境**を与えてあげるだけでいいんです。

それは、植物が一番生育しやすい環境を与えられたら、ちゃんと花を咲かせられるのと同じことであると、前にもお話ししましたね。

なのでまず、住む場所や家など、あなたの本当に望む生活環境をはっきりさせていきましょう。

## 立地、間取り、インテリアを具体的にイメージ

これからいくつか項目の例を挙げていきますので、それらを参考にしながら、「魂の望みファイル」に思いつくままにあなたにフィットする環境を書き出してみてください。【1／住む場所】、【2／住む家】といった項目ごとに新しい書き込みシートを用意してくださいね。

1　住む場所
＊最先端情報にアクセスしやすい都会のど真ん中
＊ある程度自然もある郊外のベッドタウン
＊自然が豊かな田舎または観光地　など
↓これらのどれかがヒットしたら、さらに詳しく周りにどんなものが揃っているといいのか、「3つの基準」（ときめく、落ち着く、くつろげる）を頼りにメモしておきます。たとえば、田舎だとしても、海辺の町もあれば、山奥の村もあります。どんな環境だったらときめき、落ち着き、くつろげるのかを記入していきます。また、どこか具体的な地名が浮かんできたら、それもメモしておきましょう。

2　住む家
＊一戸建て
＊マンション

＊特定の家を持たない
↓広さや大きさも具体的に考えてください。

3　家に付帯した設備

＊庭
＊倉庫
＊プール
＊テラス
↓マンションに付帯する設備として、プールや大浴場、プレイルーム、トレーニングルームなどもあったりします。

4　部屋の種類や間取り

＊リビング　＊ゲストルーム
＊ダイニング　＊自分の部屋

＊キッチン　　　　　　＊子どもや家族の部屋
＊ベッドルーム　　　　＊仕事部屋（自宅で仕事をする場合）
＊バスルーム　　　　　＊その他の特別な部屋 など
↓どんな部屋が、どんな配置であったらいい？ それぞれの広さや、部屋にどんな機能があったらいいのかについても具体的に書いてみてください。

5 インテリア
＊ナチュラル　　　　＊秘密基地
＊フレンチカフェ風　＊和モダン
＊モノトーン　　　　＊伝統的な日本家屋
＊ヨーロピアンゴージャス など
↓どんな雰囲気のインテリアがいい？

住宅雑誌や建築雑誌、家具のカタログなどを買ってきて、自分のイメージにぴったりする写真を切り取って貼っておいてもいいです。あるいは自分で間取り図を描いてみるのもいいと思います。

あなたにとって、ときめきを感じ、落ち着き、くつろげるのはどういう場所で、どんな家なのか、具体的にイメージしながらメモしておいてください。

## 人間関係——どのような人たちに囲まれたい？

次に、「人間関係」の側面を見ていきます。私たちの人間関係は、ともすると相手にどう思われるかに重点が置かれ、自分にとってどうであるかは二の次になっているところがあります。

特に自分に価値がないと思っている人は、自分みたいな人間を相手にしてくれるだけでありがたいと、相手にぞんざいに扱われても、仕方ないと思ったりします。それどころか、相手に見捨てられまいと必死になって、そんな関係にしがみついていたりします。

でも、そんなことをする必要なんて、全くありません。あなたは「宇宙の最高傑作」として生み出された、とても大切な人なんです。そんなあなたが**自分にとって本当にベストだと思える人間関係を望むことは、傲慢（ごうまん）でも何でもありません。**むしろ「宇宙の最高傑作」である自分に対する当然の扱いです。

まず、あなたが本当に望んでいる人間関係とはどういう関係なのか、遠慮せず、自分に正直に見極めていってください。

これからいくつかキーワードを挙げていきますから、それらを手がかりに、こういう関係がベストだと思うことを書き込みシートにどんどんメモしていってください。

1　人間関係に望むもの

＊真実の愛
＊信頼
＊安心安全
＊サポート
＊刺激
＊触発
＊知識や情報
＊安らぎ

＊楽しさや愉快さ
＊新しい視野、新しい世界
＊尊敬
＊共同創造
＊化学変化
＊成長
＊学び など

＊癒やし
＊興味や関心の一致
＊自由
＊ツーカーの仲
＊スリル
＊快楽

これらはあくまでもキーワードです。今、挙げた言葉の中で、自分の魂がビビッドに反応するのは特に何なのか。そういう人間関係だったら、心から満たされるのか。それを自分によく聞いてみてください。

そして、これらのキーワードを手がかりに、さらに深く**あなたが人間関係に最も求めているものは何なのか**、それをはっきりさせていきます。

今までこんなこと、考えたこともなかったのではないですか？
誰かと出会って、その人となんとなく付き合って、それがまあまあいい関係であれば、特にそれ以上何も考えなかったのではありませんか？

でも改めて、自分が人間関係に何を求めているのかをじっくり見つめ、それがはっきりすると、そういう人間関係を意識的に作り出そうとし始めます。ですから、これはとても大事な作業なんです。

**流されるまま、なんとなく付き合うのではなく、この大事な自分にふさわしい関係を自ら求めること。**そして自分自身も相手に対してそんな人間であろうと心がけること。すると、人間関係はいくらでも素晴らしいものになります。もちろん、あなたにもそれだけの力がちゃんと備わっています。

## まわりの人とのベストな付き合い方は？

さて、次は様々な人間関係を分野別にみていきましょう。それぞれの関係が、あなたにとってどういう関係であることがベストなのか、これも人から刷り込まれた価値観ではなく、あなたの魂が何を望んでいるのかという基準で、しっかり見つめ直してみてください。【2／家族】、【3／パートナー】といった項目ごとに、新しい書き込みシートを用意して書いていきましょう。

2　家族

＊配偶者　＊両親
＊子ども　＊祖父母
＊兄弟姉妹　＊孫　など

これらの家族と、どんな関係であることが、あなたにとってベストなのでしょうか？

3　パートナー

結婚している場合は配偶者ということになりますが、結婚していない場合は、お付き合いするなら、どんなパートナーとどんな関係でいたいと思っているのかを自分に聞いてみてください。

よく理想のパートナーとお付き合いするために、100カ条の条件を書いて、「それを満たす相手を絶対に引き寄せるぞ」と念じるみたいなやり方がありますが、そういうものではありませんからね。自分のエゴを満足させるための道具としてのパートナーではありません。

他人の価値観を手放した今、魂が本当に望んでいるのはどういう関係で、どういう人であったら、あなたはときめき、落ち着き、くつろげ、成長できるのか、という視点で見つめ直してみてください。

## 4 友達関係に望むもの

✳広く浅く付き合い、ネットワークを広げたい
✳本当に気の合う人とだけ、深く付き合いたい

5　友達

＊自分とは全然違う個性　＊異性
＊自分と似たような個性　＊職業
＊同年代　＊育ち
＊幅広い年代　＊能力
＊同性　＊センス

この他、157～158ページの【1／人間関係に望むもの】のキーワードを参考に、「友達関係に望むもの」という観点で、もう一度振り返ってみてもいいと思います。

今まで、自分が相手に何を求めているのか考えていなかったし、浮かんでこないという人は、それだけ**受け身の人間関係だった**ということです。

来るもの拒(こば)まずというのもひとつの人間関係の在り方ですが、特に何も望まずに、流されるままでいたから、あなたにとって心地いい関係ではなかったのかもしれません。

**自分の本当の望みを知るとは、それを基準に自分の環境を整えていくことにつながります。**受け身ではなく、どのような人たちと友達になりたいのか、相手を能動的に選ぶことは可能です。

ここまで例に挙げてきた人間関係は、コアとなる関係だけです。

この他にも仕事仲間とか、ご近所さんとか、メンターとか、様々な人間関係があると思います。

あなたの中で、これに関してもはっきりさせておきたいと思う関係があるなら、ファイルにそれも加え、その関係がどういうものであったらいいと思うのかをメモしておきましょう。

# 生活パターン——自分にとっての「快適」とは？

最後に、「生活パターン」の側面を見ていきます。生活パターンとは、仕事スタイルはもちろん、プライベートな時間の過ごし方まで含んでいます。どんな生活の仕方だと、一番心地よく、快調に力を発揮し続けられるのか、この項目ではそれについて見ていきます。

もしかすると、この生活パターンに関しても、親や学校、社会から、こうするべきであるとさんざん言われてきたかもしれませんね。

早寝早起きがいいとか、会社員や公務員になれば生活が安定するとか、ものすごくたくさんの価値観にさらされ、影響されてきたと思います。

でもここでは、それらの他人の価値観はすべて脇に置いてください。そして、

**「あなたにとって何が快適であるのか」だけを基準にしてください。**

そんなムシのいいことなんてあるわけないとか、制限を加えないでください。何でも許されるなら、どういう状態であることが、あなたにとってベストな状態なのかに忠実であってください。

あなたが本当はどんなライフワークをしたいと思っているのか、それに関しては5章で自分の感情を見つめていくと見えてきます。

## 「何をやりたいか」より大切なこと

私は、前の職場にいたときに、すでにやりたいことははっきりしていました。でも、本当に私らしくいられる生活パターンを自分に許していなかったんです。毎日職場に通い、勤務時間が決まっていましたから、気分が乗ったときだけ自分のタイミングで仕事をするというわけにはいきませんでした。

それに大事なことは上司の決裁を取らなければならず、自分の発想で自由に仕事をすることはできませんでした。

でも、そんなサラリーマンスタイルをやめて、自営業を選び、すべての責任を自分で取る代わりに、「好きなことを、好きなやり方でやる」というスタイルに変えたら、信じられないほど、すべてがうまく回りだしました。

そのとき深い気づきが起こりました。「何をやりたいのか」ということも、とても大事なこと。でも**「どんな状態であれば力が発揮できるのか」を知る**ことのほうが、もしかするともっと大事なことなのかもしれないと。

できる限り能力を発揮しやすい環境に自分を置いてあげれば、もともと持っていた力が発揮されやすくなるし、やりたいこともわざわざ探さなくて自然に湧き上がる。しかも楽に力が発揮できる状態だからこそ、やりたいことを始めても、長く安定的に発展していくことができる。

なので、何をやりたいのかよりも、まずどういう生活パターンであれば、自分は能力を発揮しやすいのかを先にはっきりさせることにしました。

私のように自由気ままな生活パターンをうらやましいとおっしゃる方もいらっしゃいますが、自営業の場合、会社のような組織体制で守ってもらうことはできません。収入だって多い月もあれば、少ない月もあるし、一定ではありません。すべての責任が自分にかかってくることが、私はむしろ望むところだったからうまく機能したのですが、そうではない人だって結構いると思うんです。

どんな仕事のスタイルにも、メリットもあればデメリットもあります。それらすべてを含めて、本当のところ、どういう状態だったら自分らしくいられるのかをよ〜く自分に聞いてくださいね。

## 1 自営向きか、組織向きか

A 自分で決める
B 人に決めてもらって指示に従う、あるいはみんなで決める

A 自分で責任を取る

B　責任を取ってもらうか、守ってもらいたい

A　不安定でも自由がいい
B　安定していることが一番

A　自分のペースで仕事をする
B　決められた時間だけ仕事する

A　部下はいないほうがいい
B　部下に指示を出してやらせたい

A　基本的に一人でいても平気
B　みんなでやったほうが楽しい

A　必要なことは必要な人に頼める
B　組織の中にそれぞれセクションがあり、担当者がやってくれる

A　有休がなくても大丈夫
B　有休があったほうがいい

今、ざっと挙げてみましたが、おわかりの通り、Aの選択肢のスタイルのほうが自分らしくいられるし、力を発揮しやすいという方は、自営業やアーティストなどのようにフリーランスが向いている人です。

逆にBの選択肢のスタイルのほうが力を発揮しやすいという方は、会社勤めが向いているでしょうし、組織の中で力を発揮することができる人だと思います。

会社勤めには、人間関係の難しさがあるかもしれません。でも、先ほど自分にとってのベストな人間関係がどういうものかをはっきりさせましたよね。そして、そういう人間関係を受け取る価値のある人間なんだと、あなたが心から認めることが

できるなら、会社の中の人間関係も変わるはずです。

ですから、今の職場の人間関係がうまくいっているかどうかにとらわれないこと。人間関係のよい職場だったとしても、それでもなおフリーランスのスタイルのほうが力を発揮しやすいかどうか、よく見極めてください。

## 2 フリーランスの仕事スタイル

《職場》

＊家
＊アトリエ、店など家とは別の場所
＊全国を飛び回る

《仕事時間》

＊一日の中である程度決まった時間帯
＊自分の気分次第

《休業日》

＊１週間または１カ月の中で決まった日に休む

＊自分のペースで決める

《年間スケジュール》

＊仕事を集中してやる月と、休養に集中する月がある

＊毎月ほぼ同じ仕事のペースを繰り返す

《アシスタントの有無》

＊要らない

＊常時必要

＊必要なときだけ頼む

《収入はどのくらいがいい？》

## 3 組織での仕事スタイル

《組織の規模》

＊大規模

＊家族的で小規模

《就業時間》

＊フレックス（コアタイム以外はフレックス）

＊9時～17時のような決まった時間

＊休業日や休暇をある程度自由に決められる

＊決まった休業日、休暇

《勤務形態》

＊職場に通う

＊在宅勤務

《組織の風土》

＊堅実で安定している

＊先進的かつ革新的

＊能力主義

＊和気あいあい

《仕事の範囲》

＊決められたことだけすればいい

＊新しいことを提案でき、新しい業務を開拓できる

《ポジション》

＊リーダーでありたい

＊サポーターでありたい

＊ナンバー2でありたい

＊上下関係がなく、フラット

《収入はどのくらいがいい？》

ここまでに挙げてきた項目を参考に、自分にとってどんな状態で仕事することがベストなのか、ファイルにまとめておいてください。

次は、仕事以外の生活パターンをみていきます。仕事以外のプライベートな時間に、どんなことをして楽しみたいですか？

## 4 フリータイムの過ごし方

《どんなことがしたい？》

＊国内旅行や海外旅行　　＊温泉
＊トレーニングやスポーツ　　＊散策やアウトドア
＊手芸　　＊料理
＊アート　　＊音楽
＊読書　　＊エステ等のセルフケア など

《一日のスケジュールはどんな感じ？》

《一週間の流れはどんな感じ？》

《一年間の流れはどんな感じ？》

ここまで挙げてきた分野や項目がすべてではありません。これはあくまで取っ掛かりであり、例にすぎません。新たに他のことが浮かんだら、それもファイルに追加して構いません。

また、あなたが本当に望んでいる環境、人間関係、生活パターンが見えてきたら、できることからどんどん行動に移していってください。

あなたという花を咲かせるために、**少しでもいい土壌を用意する**。それだけで全然違ってきます。

# 5章

# 感情を手がかりに「魂の望み」にアクセス！

## ——どんな気持ちも「自分を知る羅針盤」になる

# 感情は宇宙が与えてくれた大事な「手がかり」

親や社会から受け容れてもらえる人間になるために、自分のやりたいことや楽しいことではなく、他人が要求する基準を満たすことにばかり気を取られて何十年も生きてくると、「夢中になれることをやればいい」と言われても、すぐには浮かんでこなかったりします。

だけど、宇宙はちゃんと魂の望みを知るための手がかりを与えてくれました。

それが**「感情」**です。

感情は思考とは別物です。いくら頭では怒っちゃいけないとか、そんなことは気にするなと思っても、抗(あらが)いがたい力で湧き上がるものが感情ですよね。

だから、その**感情の奥にこそ、あなたの本当の望みを知る手がかりがあるんです。**

歓びや心地よさの奥に本当の望みを知る手がかりがあるということはもちろんですが、怒りや悲しみ、嫉妬、不安などのネガティブといわれる感情にも、その奥に魂の望みを知る貴重な手がかりが潜んでいます。

だから、ネガティブといわれる感情も怖れることなく、その奥を見つめていけばいいのです。

## 「湧き上がってきた感情」が伝えようとしていること

たとえば怒りが湧き上がったとき、「なんてあいつはひどい奴なんだろう」と、いくらでも非難する言葉は浮かんでくるかもしれませんが、自分の心の奥にある何がその怒りを引き起こしているのか、注意深く見ることはほとんどありませんよね。たいてい誰かに愚痴を聞いてもらうか、相手に言いたいことを言うくらいで終わってしまいます。

歓びだって、何に歓びを感じているのかを深く見つめることもなく、ただうれしさや楽しさが通り過ぎていくだけということが多いのではないでしょうか。
でも、**何らかの感情が湧き上がるには、それを誘発させる引き金があるのです。**

たとえば、連絡もせずに待ち合わせに1時間も遅れてきた人に、怒りを感じたとします。何がこの怒りを引き起こしているのかを見つめていくと、「時間を守らなければならない」という価値観が引き金になっていることに気づいたりします。

そして、さらにその奥深くを見つめていったとき、「自分はイレギュラーなことに振り回されるのはイヤで、いつも安定して規則通りに進むほうが安心で、力も発揮しやすいからだな」と気づいたりします。そうであるならば、それが魂の望みなのです。

逆によくよく自分に聞いていくと、心の奥底では「時間を守らなければならない」という価値観に抵抗を感じていることに気づく場合もあります。その場合は、その価値観は親や社会から刷り込まれ、そうでなければ愛されないと思い込んできた「他人の価値観」だということです。それが自分の本当に望んでいることでないならば、2章のやり方で、それを手放せばいいんです。

手放すステップとしては、本当はどういう状態を望んでいるのか、さらに自分に聞いていきます。すると、それは往々にしてその逆の状態――時間的な拘束が少なく、自分のペースでやれる環境にいること――だと気づいたりします。もしそうであるならば、それこそが魂の望みなんです。

こんなふうに感情の引き金になっているものを見つめていけば、いずれにせよ魂と結びついている本当の望みを知ることにつながります。

これからやっていくことは、どういうときにその感情が湧き上がり、何に反応しているのかを注意深く見つめることです。そのプロセスで、ずっと目を背けてきたことを直視することになるかもしれません。けれども、**本当の気持ちを知るということは、自分に対して敬意と愛を向けることであり、決して自分を責めたり、追い**

**詰めたりすることではありません。**ですから、ひたすら愛をもって耳を傾けていってください。

また、魂の望みを知るために内側に深く耳を澄ますプロセスを実行するときは、できるだけテレビやラジオ、ネットなどの雑音から離れて集中してください。

できれば、人ともあまり接触しない環境に身を置いてやったほうが効果的です。

# 「魂の望みファイル〜感情編〜」の作り方

4章で作った「魂の望みファイル」に見出し用紙と書き込みシートを追加し、感情を掘り下げるページも作ります。この「魂の望みファイル〜感情編〜」は、「①感情を掘り下げるページ」と、そこから明確になった「②魂の望みを書き出すページ」の2つのセクションで構成します。①と②に分けて見出し用紙をつけましょう。作り方については、218〜219ページの図解も参考にしてください。

## 感情から「魂の望み」を知る手順

それでは、感情から魂の望みを知る6つのステップをご説明していきます。

## 1「感情を掘り下げるページ」に書くこと

**1 その感情がどんな価値観によって誘発されているのかを思いつく限り書き込みシートに書き出す。**

先ほどの例で言うなら、連絡もせずに待ち合わせに1時間遅れてきた人に対する「怒り」がどこから来るのかを考えてみます。

とにかく思いついたことをどんどん書き込むときには以下の点に留意します。

＊何でも思いついたことをどんどん書いていく
＊正しいかどうかは気にしない
＊カッコつけずに本音を書く
＊人に見せるものではないので、隠さずすべてをさらけ出す
＊きれいにきちんと書こうとしなくていい。体裁を取り繕わなくていい

＊気づきは後からくる場合もあるので、すぐに浮かばなくても気にしない

**2 1で出てきた内容が、本当に自分に合っている価値観なのか？　それとも親や他人から刷り込まれただけのもので、本当は自分に合っていない価値観なのかを見極める。**

・窮屈さ、不自由さ
・イガイガ、トゲトゲする感じ
・緊張感やこわばり
・不快な感じ

↓これらの感覚を伴う価値観は、あなたに合っていない価値観で、親や社会に受け入れてもらうために、自分に強要してきた自分に合わない価値観である可能性が高いです。逆に、

＊落ち着く
＊心地よい

＊歓びが湧き上がる
＊解放されて自由になる感じ
↓これらの感覚を伴うものは、あなたに合っている価値観です。それぞれの価値観を書き出したら、それにどんな感覚が伴うか、それも書き出します。

3 自分に合っていないと気づいたら、その価値観は2章で紹介した「訣別の儀式」（110〜111ページ）で手放す。

4 自分に合っていないと感じた価値観について、その逆の価値観が自分に合っているのかどうか見極める。

5 自分に合っている価値観から、どういう状態、関係で、どんなことをすることを望んでいるのか、どんどん書き出す。

そして書き込み作業が終わったらバインダーに挟み、保存しておきます。

たとえば、ある怒りを通して、ひとつの魂の望みに至っても、また別の怒りの感情を感じたときに、それを深く見つめていくことで、別の魂の望みに至ることもあります。ですので、**何か気なる感情が湧き上がるたび、どんどん書き込み、はっきりさせていきましょう。**

## 2 「魂の望みを書き出すページ」に書くこと

**6 5ではっきりしたことが、現時点での「魂の望み」になります。新しいシートに大きな文字ではっきりと書き、見るたびに気分が盛り上がるように自分なりにデコり、「魂の望みを書き出すページ」に入れる。**

感情を見つめていった結果気づいた「魂の望み」を書き込む部分は、ひとつひとつの望みごとに別の書き込みシートに書きます。こちらは大きな字できれいにはっきりと書きます。カラーペンを使ってもいいし、シールなどでデコってもいいです。シートに書いてある魂の望みを見るたびに、気持ちが盛り上がるようにしましょう。

これも、新しい望みがはっきりするごとに追加し、この望みはもう古いなと感じたら外すようにします。


これから、これらの作業を感情ごとに行なっていき、魂の望みをはっきりさせていきましょう。

この後「怒り」「悲しみ」「嫉妬」「虚しさ」「不安」「心地よさ」「歓び」の7つの感情を取り上げていますが、それ以外の感情で気になる感情があれば、増やしていって構いません。

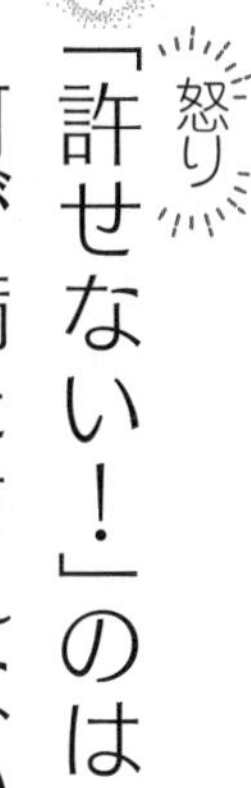

# 怒り
# 「許せない！」のは何が満たされないから？

怒りとは、自分にとって大事にしている「価値観」が、踏みにじられるときに生じる感情です。先ほど例に挙げた、連絡せずに1時間遅刻する人に対する怒りにしても、その怒りを誘発している「価値観」は人によって違います。

「時間は守らなければならない」という価値観に合わないから腹が立つ人もいれば、「人に迷惑をかけてはいけない」という価値観に合わないから腹が立つ人もいますし、「自分にとって都合の悪いことをごまかしてはいけない」という価値観に合わないから腹が立つ人もいます。

一体どんな価値観が踏みにじられるとき、あなたは最も怒りを感じますか？

それを見つめ、思い当たることをすべて書き出します。

思いつく限り書き出したら、それぞれ、自分の心で感じてみましょう。

それが自分にとって心地よい感じがするのか、それとも窮屈で不自由な感じがするのか……。

道義的にどちらが正しいかという基準で判断するのではなく、ただ単に、心地よく感じるのか、それとも窮屈に感じるのか、**その感覚にのみ集中**してください。

その結果、窮屈に感じた価値観は、本来のあなたには合わないものです。おそらく親や先生など、あなたにとって重要な誰かに承認されるために受け入れてきた価値観です。

その価値観があなたを縛り、あなたが自由に自分を表現することを妨げていると感じるなら、「訣別の儀式」（110～111ページ）で手放してください。

その代わりに自分にフィットする価値観が何なのか、自分に聞き、それも書き出します。たいていは窮屈な価値観と逆のことを望んでいるのですが、そうではない場合もあります。その判断基準は、ときめくか、落ち着くか、くつろげるかです。

ここまでに書き出した価値観の中で、心地いいと感じる価値観を、すべて読み返します。

**怒りを通して導き出された、自分にフィットすると感じる価値観は、あなたにとって居心地のいい状態がどういうものか教えてくれます。**

それが見えてきたら、あなたにとって居心地のいい、

・環境
・人間関係
・生活パターン

とはどういうものになるのか、思いつくことを書き出します。

この時点で魂の望みが明確になり、「私はこんなふうに生きたかったのだ」と深く腑に落ちた場合は、それを「②魂の望みを書き出すページ」に書いておきます。

でも、まだそこまで至らないなら中断し、翌日にもう一度、深く自分の心の声を聞き、魂の望みがはっきりするまで続けます。間が空くと感覚が鈍るので、たとえ

5分でも毎日続けてください。

## 心の深いところに負った「傷」

連絡なしで1時間遅刻されると、「軽んじられている」とか「馬鹿にされている」「大事にされていない」と感じるから腹が立つ人もいます。あるいは、連絡がないということに裏切りを予感し、それが怒りを引き起こす場合もあるでしょう。

こういう場合は、一体どんな価値観が関係していると思いますか？

もちろん「どんな人も大切にされるべきだ」という価値観も関係あるかもしれません。でも、もっと深いところに怒りを誘発している本当の理由があります。

それは**「私は愛されない」という価値観**です。

こういう価値観を持っている人は、**本当は愛されたくて仕方ないんです**。愛が欲しくて仕方ないのに、同時に自分はその愛が得られないと思っています。だから、ちょっとでも大事にされていないと感じると痛みを感じ、反応してしまいます。連絡がなかったのは、携帯の電池が切れていたからかもしれないし、ただ単にルーズな人だからかもしれないのに、「馬鹿にしている」とか「軽んじられている」という受け取り方をしてしまうのは、心にそんな傷を負っているからです。

どうしてこういう価値観を持つようになったかといえば、子どもの頃に親にたっぷりと愛情を注がれた気がしなかったからでしょう。

でも宇宙は、どんなときも、どんなあなたのことも愛しています。あなたはちゃんと愛されているし、愛される価値のある人です。

「私は愛されない」なんて真実ではありません。

今までずっとそんなふうに誤解していたことを深く認識してください。自分に対して「誤解してきたことで、本当に苦しんできたね」と言葉をかけ、自分で自分をしっかり抱きしめてあげてください。そのうえで、新しい価値観を受け入れましょう。

「私は愛されている」でもいいし、「私はとても大切な存在です」でもいいです。

あなたがその価値観に触れると、心が落ち着き、満たされる感じがするものを好きなように選んでください。同時に、122～124ページで紹介した「自分にたっぷりと愛情を注ぐワーク」も毎日続けてください。

**怒りはもっと深いところにある「寂しさ」を隠す感情でもあります。**その場合の怒りは、「愛が欲しい」と正直に言えない人の悲鳴なんです。

あなたの怒りが、その奥に「愛されない」という寂しさを隠していないか、よく見極めてください。

もしもそのことに深く気づくことができたなら、もうその時点で自由になれます。

「愛されたい」と思うことは、いけないことではありません。究極的には、この世のほとんどの人が「愛されること」を望んでいます。

**「愛されること」が今の正直な望みなら、堂々と認め、受け入れ、それを自分に許してあげてください。**シートにもそう書きましょう。それを望みながら、同時にいけないことだと否定し続けてきたから、うまくいかなかっただけです。

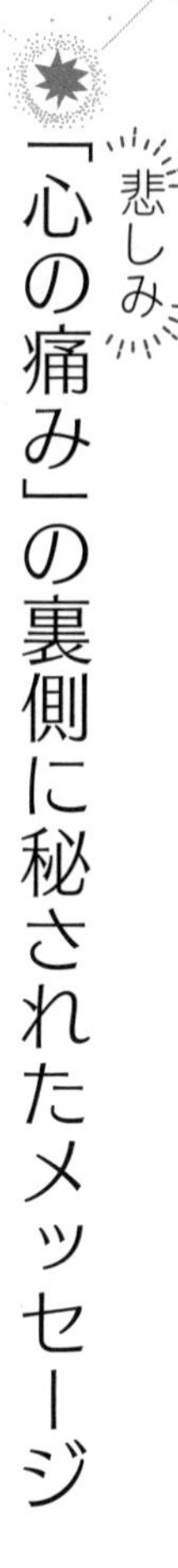

悲しみ

# 「心の痛み」の裏側に秘されたメッセージ

あなたはどんなときに、悲しみを感じますか？
入りたかった学校や会社に不合格だったとき？
大好きな人に失恋したとき？
気持ちを理解してもらえなかったとき？
一生懸命やったのに、報われなかったとき……？

悲しみってどんなときに生じるのか、シートに思いつくことを、どんどん書き出してみてください。
様々な悲しみがあると思いますが、その中でもどの悲しみが強かったでしょうか。

その悲しみの裏側に、**あなたにとってなくてはならないもの**があります。

人に裏切られたときに、一番深い悲しみを感じるなら、あなたになくてはならないものは、**「心が通じ合い、助け合える関係」**なんです。

誰かに失恋したことが、人生の中で一番悲しい出来事だったのだとしたら、あなたになくてはならないものは、**「本当に愛し合える人」**なんです。

一生懸命やっているのに報われないことが何よりも悲しかったのだとしたら、**「やったことが報われる環境」**がなくてはならないものです。

悲しみから、あなたの「魂の望み」である環境や、人間関係、生活パターンが見えてきます。それをまた思いつく限り書き出してください。

## 「どうせ自分なんて」とあきらめない

あなたの魂にとってそれがなくてはならないもので、それがあることであなたの能力がのびのびと発揮できるなら、堂々とそれを受け取っていいんです。

でもこれまでは、自分にはそれを受け取る資格がないと、どこかで思っていませんでしたか？

そんなの高望みだって、どこかであきらめていませんでしたか？

何らかの条件が揃ってからでないと、受け取れないものだと勘違いしていませんでしたか？

それがあなたの「魂の望み」なら、それは宇宙も望んでいることです。どこに遠慮などする必要があるでしょうか？

あなたの中に受け取り拒否の思い込みがあったから、それらのものを受け取れなかっただけです。そんな思い込みは、110～111ページで紹介した「訣別の儀式」で今すぐ手放してください。

そして、そのなくてはならないものを、ちゃんと受け取ると決めてください。

そこにこれまでのクセで、条件を付けないこと。

**あなたが生まれ持った力を余すところなく発揮することは、この世界への最大の貢献**です。それによってあなたが満たされるだけでなく、周りの人にも歓びを与え、多くの人の幸せにもつながります。

あなたを生かすことは、あなたが最も果たすべき義務です。何も欲深くあれということではありません。「本当に必要なものなら、受け取っていい」というだけの話です。

嫉妬

# 「ずるい」「欲しい」——自分の心が求めているものは？

あなたはどんなときに、嫉妬心が湧き上がりますか？

贅沢な暮らしをしている人を見たとき？　みんなに愛されている人を見たとき？

成功して脚光を浴びている人を見たとき？　才能にあふれた人を見たとき？

嫉妬は、「それが自分も欲しいのだけれど、手に入らない」と思っているときに生じる感情なんです。

誰かがとってもおいしそうなパンケーキを食べていたとします。自分もパンケーキが大好きで食べたいと思っているのに、あなたの分のパンケーキはないとしたら、パンケーキを食べている人をうらやましく思いますよね。

でも、「大丈夫よ。あなたの分もちゃんと戸棚に用意してあるから、今から出すね」と言われたら、パンケーキを食べている人を見ても、うらやましいとは思いませんよね。

つまり、**何に嫉妬しているのかをよく見れば、自分には何が手に入らないと思っているのかがわかるんです。**

それは愛なのか、才能なのか、豊かさなのか……。いろいろありますよね。

嫉妬深いということは、それだけ自分には手に入らないものが多いと思っているということであり、手に入らないものが多いということは、自分のことを「足りないものの多い、大した価値がない人間だ」と潜在的に思っているということです。

## 「なりたい自分」に堂々となってしまえばいい

人にはもちろん、できることとできないことがありますが、愛にしても、才能にしても、豊かさにしても、ないわけじゃないんです。ないという思い込みがあるだけで、本当はその人なりにちゃんと備わっているんです。
**あなたにふさわしい愛も、あなたならではの才能も、あなたを十分に満たす豊かさも、ちゃんとある。**

自分の嫉妬心を深く見つめることで、自分にはないと勝手に思っているものに気づいてください。そして本来、それは自分にあるものだし、受け取れるものであるということを信頼してください。

「あんなふうに生活できたらいいのになあ」
それを自分には起こらないことだと思わないでください。
そんな生活があなたの魂の望みなら、それを堂々と望んでください。
シートにもしっかり、それが自分の魂の望みなんだと書いてください。
あなたにもそれだけの力があるということを、嫉妬が教えてくれているのです。
私はそっちの方向に向かって生きていくと決めてください。
嫉妬をただの嫉妬で終わらせないでください。

## 虚しさ

# 空っぽな気持ちから見えてくる「やめてもいいこと」

あなたは、どんなときに虚しさを感じますか？
意味のないことをやっているとき？　全く興味の湧かないことをしているとき？
やってもやっても成果が出ないとき？
何でも思いつくことをどんどん書き出してみてください。

虚しさは、そこに手応えややりがいを感じないときに生じる感情です。
それをすることにやりがいを感じないなら、それは**あなたにとってやる必要のないこと**です。つまり虚しさは、何があなたに向いていないのかを教えてくれているとも言えます。

同時に、その逆にあることが、あなたが本当にやりたいことなんです。

たとえば、毎日毎日同じことの繰り返しであることに虚しさを感じているなら、あなたの「魂の望み」は、変化に富んだ生活をすることです。

逆に、その日になってみないとどうなるかわからない状態に虚しさを感じているなら、あなたの「魂の望み」は、毎日規則正しく安定した生活をすることです。

素晴らしいアイデアが浮かんでも、いちいち上司に承認を取らないとそれを実行に移せないことに虚しさを感じるなら、上司なんていないフリーランスの仕事をすることか、理解ある上司に恵まれることが、あなたの魂の望みです。

企画やアイデアを迫られても何も浮かんでこないことに虚しさを感じるなら、あなたは何か新しいことを生み出すことではなく、人に指示されたことを淡々とやることが本当の望みなんです。

パソコンの画面とにらめっこするばかりの機械的な仕事を虚しいと感じるなら、あなたの魂の望みは、もっと生き生きとした対人コミュニケーションができる仕事をすることなのかもしれません。

## あなたの大切な能力と時間を「投入すべき対象」

**あなたがやる必要のあることは、魂が望んでいることだけ**です。

それ以外のやりたくもないこと、やっていてもつまらないこと、そんなことはやめてしまっても構わないのです。そんなことにあなたの大切な能力と時間を使わないでください。

**虚しさを見つめることで、その反対側にある、もっと興味のあること、やりたいこと、やりたいスタイルが何なのかが見えてきます。**

そして、それがあなたの本当の望みだと気づいたら、それをシートに堂々と書き、自分はそれに向かって生きると決めてください。

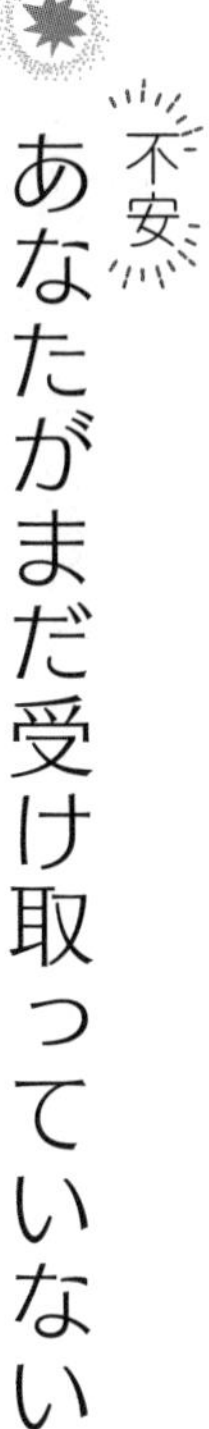

## 不安

# あなたがまだ受け取っていない「大事なもの」

あなたはどんなときに不安を感じますか？
お金が無くなりそうなとき？
人からの愛や信頼が失われそうなとき？
自由が奪われるとき？
あなたが思いつくことをどんどん書き出してみてください。

不安は何かが失われそうだと思うときに生じる感情です。しかも、その失われそうなものは、絶対にないと困ると思っているものです。
あなたは何が失われることを、一番怖れていますか？

お金？
愛？
自由？
何ですか？　それも書き出してみてください。

**不安は、本来受け取っていいものなのに、それが受け取れないと信じているものを教えてくれます。**

たとえば、人からの「愛」が失われそうになるときに、ひどく不安に陥るのだとしたら、「私への愛はどうせ奪われる」という怖れにとらわれています。

「お前は出来損ないで、愛される条件をクリアしていない」という価値観を親や社会に刷り込まれると、「どうせ愛されない」と思い込むようになってしまいます。

そんな思い込みは手放すべきですよね。それが真実ではなく、手放すべき価値観であることは「悲しみ」の項目（195ページ～）でもお伝えしましたね。

「自由」が失われることにひどく不安を感じるのだとしたら、「好きなように生きる」ことは許されていないと信じているということです。その場合は、「人の犠牲になり、人に尽くしていないと価値がない」と思っていないか、よく自分に聞いてみてください。もしそうであるならば、それは手放していい価値観ですよね。

## 愛も、自由も、お金もじゃんじゃん受け取っていい

愛にせよ、自由にせよ、お金にせよ、あなたはそれを正当に受け取っていいんです。ですから、不安を通して「絶対に奪われる」と信じているものが何かに気づいたら、それを受け取っていいと許可すること。

愛も、自由も、お金も、あなたにあっていいものです。あって当然のものです。

これは、魂の望みというより正当な権利です。これを自分に許可してこなかったのだとしたら、

**「私が私らしくて生きて、愛も、自由も、お金も十分に受け取ることは正当な権利です」**と「魂の望みファイル」にデカデカと書いておいてください。

# 「何だかいい感じ」の瞬間を見逃さない

あなたが心地よく感じること、それを何でも思いつく限り書き出してください。
どんな状態のとき？
何をやっているとき？
どんな人といるとき？
どんな環境に置かれているとき？
思いつくことならなんでも、すべて書き出してみてください。

**あなたが心地よく感じることは、すべて魂が本当に望んでいることです。**
忙しく仕事をした後に、お風呂に入ってくつろぐときに心地よいと感じるのだとしたら、くつろげる暮らしをすることが魂の望みだと思うかもしれませんが、そうではありません。

「忙しさの後のくつろぎ」だったから心地よかったんです。ということは、「緩急のある生活スタイル」を望んでいるということです。「忙しいだけ」であることとも違う。「毎日ただただ、のんびりしているだけ」であることとも違う。両方バランスよくあることが魂の望みです。


自然の中にいるときに心地よく感じるのだとしても、山並みを見ているときに心地よく感じる人もいれば、山を登っているときに心地よく感じる人もいます。

海を遠くから眺めているときに心地よく感じる人もいれば、ダイビングして魚たちと一緒に泳いでいるときに心地よく感じる人もいます。

人と話しているときに心地よく感じるのだとしても、人を笑わせているときに心地よく感じる人もいれば、深い話をして魂が響き合う瞬間に心地よく感じる人もいます。

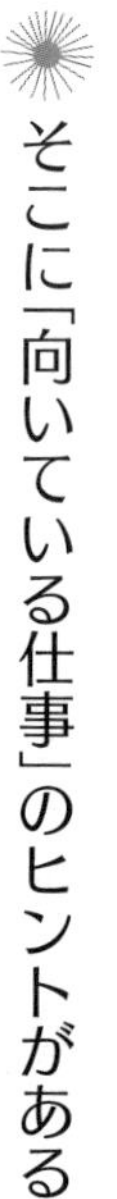

## そこに「向いている仕事」のヒントがある

こんなふうに、**より深くその心地よさを見極めていく**ことです。

深く見極めることで、自分の本当に望む環境、人間関係、生活パターンがより明確になります。

さらに、何を仕事にしていくことが魂の望みなのか、その輪郭も見えてきます。

ワクワクすることを仕事にすることがライフワークなのだと思っていたかもしれませんが、別に歓びに湧き立つことだけが魂の望みではありません。

心地よかったり、心が平和になったり、リラックスできることの中にもライフワークはあります。

それをどういうスタイルでやればいいのかも、心地よさが教えてくれます。

「こんなことは仕事にならないだろう」という既成概念は捨ててください。

今この世にない仕事であっても、それがあなたにとって心地よくて、やっていて楽しいことなら、そういう職業を創造していいんです。

次の［歓び］の項目と併せて、あなたがどんなことをしているときに一番幸せなのかを見極め、それを仕事にするとしたら何ができるのかをシートに書き出してみてください。

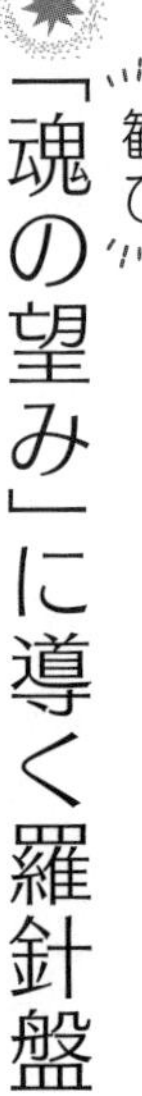

歓び

# 「魂の望み」に導く羅針盤

喜び、歓び、悦び、慶び。すべて「よろこび」と読みます。

そしてそれぞれに違ったニュアンスを含んでいます。この中でも「歓び」は、魂と直結した深いところから湧き上がる「よろこび」です。そしてこの**「歓び」こそが、魂が何を望んでいるのか、最も的確に教えてくれる羅針盤**です。

この「歓び」にちょっと似ている感じのする「悦び」というものもありますが、これは肉体的に感じる快楽に通じるものです。こっちは、ワクワクするというよりは、ゾクゾクする感じ。ときとしてストレスをごまかすために何かに興じているときに感じるよろこびです。

お酒を浴びるように飲んで正体不明になったり、賭け事にのめり込んで勝ち負けに一喜一憂したり、高速で車を運転してスリルを味わったり……。

こっちの悦びは、快楽ではあるかもしれませんが、魂の歓びとは違います。


それをよく理解したうえで、あなたが本当に歓びを感じることを、何でも思いつくままシートに書き出してみてください。大きな歓びではなく、小さな歓びでも構いません。とにかく思いつくことをどんどん書き出しているうちに、あなたにとっての魂の望みが何なのかが自然にわかってきます。

先ほどの「心地よさ」の項目（208ページ～）で書いたことと併せて、あなたは何をしているときに楽しくて夢中になれるのかをはっきりさせましょう。

そしてそれらを組み合わせれば、あなたにとってのライフワークがなんであるか、さらにどんなスタイルでやればいいのかも見えてきます。それが見えてきたら、「②魂の望みを書き出すページ」（187ページ～）にはっきりと書き出しましょう。

## 「一歩踏み出す勇気」で人生が劇的変化！

私の場合は、真理に触れるときと、何かを表現しているときに最も大きな歓びを感じます。そして豊かな自然のある環境にいて、自由なスタイルであるときに、力を発揮しやすいです。

今の私の生活は、まさにそれそのものです。毎日瞑想をして、その中で宇宙の真理に触れ、その真理をわかりやすくブログや本、あるいはワークショップや講演などを通してたくさんの人に向かって表現することに、このうえない歓びを感じます。もちろん自分のペースで仕事ができるフリーランスです。

さらに、今私の住んでいるところは、海が一望でき、緑も豊かです。

魂の本当の望みを生きることを自分に許してみたら、今のような自由で豊かな生活が手に入りました。

他人の価値観で生き、全然うまくいかずに空回りばかりしていたのが、まるで嘘のようです。そのくらい劇的に人生が変わりました。

そんな生活に踏み出すことに勇気もいりましたが、**実際に踏み出してみると、驚くほど宇宙に後押しされ、あっという間に好きなことで生活ができるようになってしまいました。**「魂の望み」は宇宙の望みであるからこそ、これだけの後押しがあったのだと思います。

ですから、自分の魂の望みをまずははっきりさせましょう。そして、その望みを生きるために、どうすればいいのかは次の章でお伝えします。

# 「魂の望みファイル」の作り方

4章と5章で紹介した「魂の望みファイル」の作り方をまとめました。
自分の気持ちを掘り下げて、
本当の望みを見つけるために役立ててください！

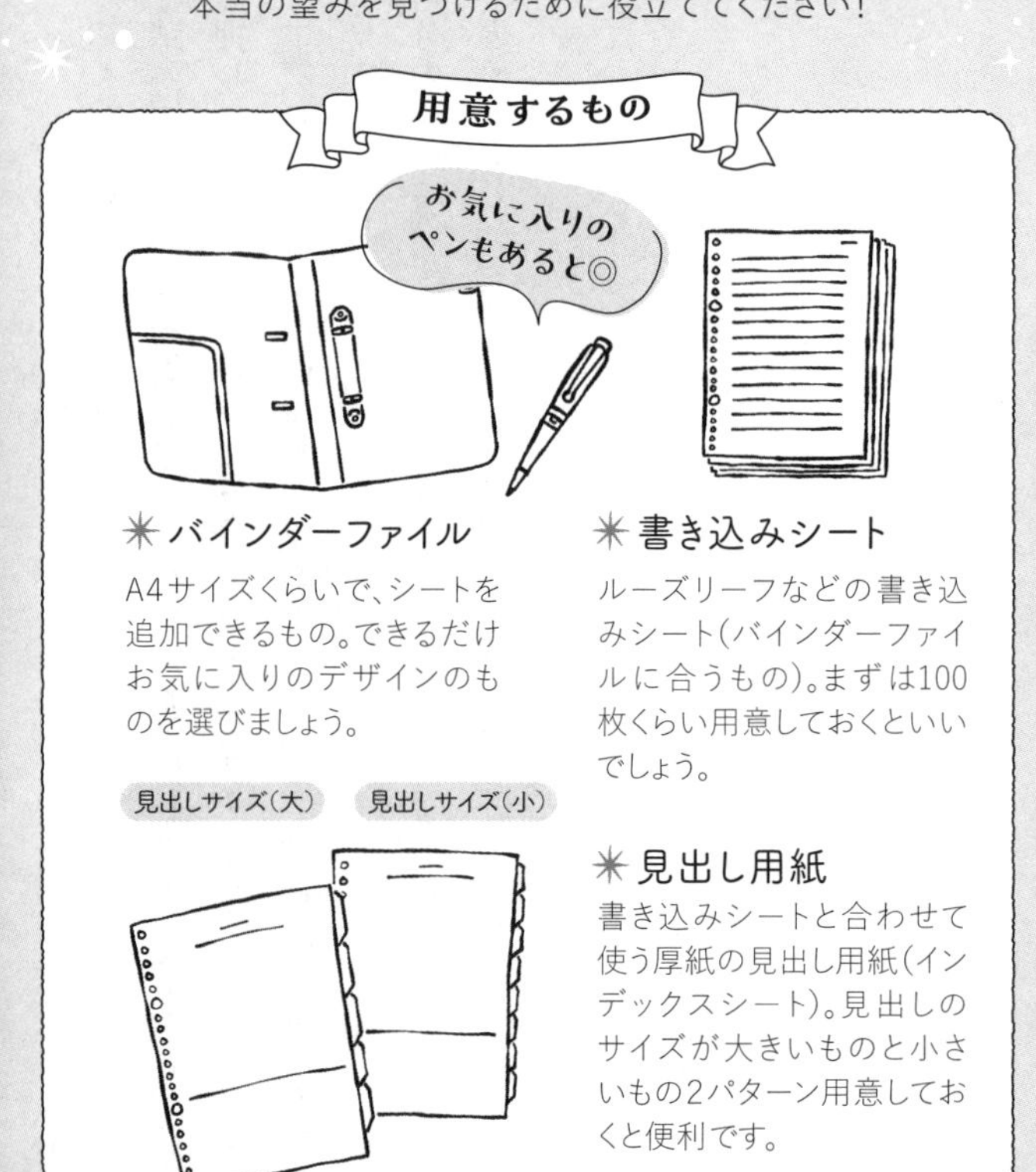


**✳ バインダーファイル**

A4サイズくらいで、シートを追加できるもの。できるだけお気に入りのデザインのものを選びましょう。

**✳ 書き込みシート**

ルーズリーフなどの書き込みシート（バインダーファイルに合うもの）。まずは100枚くらい用意しておくといいでしょう。

**✳ 見出し用紙**

書き込みシートと合わせて使う厚紙の見出し用紙（インデックスシート）。見出しのサイズが大きいものと小さいもの2パターン用意しておくと便利です。

# 4章で紹介した 基本編

見出し用紙(見出しサイズが小さいものがオススメ)を3枚用意。「環境」「人間関係」「生活パターン」それぞれの見出しをつけます。

雑誌の切り抜きを貼ったり、自分でイラストを描いたりしてもOK

<住む場所>
自然豊かな田舎
・山も海もある
・冬はスキーをしたい!
・自分で野菜を育ててみたい

<インテリア>
和モダンな家
・木のぬくもりを感じられるもの
・観葉植物がたくさん

環境(P150〜)、人間関係(P156〜)、生活パターン(P164〜)の3つの側面について、細かな項目ごとに自分の気持ちを掘り下げていきます。項目ごとに新しい書き込みシートを用意して、思いつくままに書いていきましょう。

キーワードは

ときめく　落ち着く　くつろげる

## 5章で紹介した 感情編

基本編の後ろに「感情編」を作っていきます。見出し用紙を挟むと、区切りがわかりやすくなります。見出しサイズの大きいものがオススメ。

①感情を掘り下げるページ

②魂の望みを書き出すページ

「①感情を掘り下げるページ」と「②魂の望みを書き出すページ」の見出し用紙(見出しサイズの小さいものがオススメ)を作り、間に書き込みシートを挟んでいきます。

## 1 感情を掘り下げるページ

カッコつけずに本音を書いていこう

<怒り>
・自分をないがしろにされたと感じたとき
・好きなものを否定されたとき
・

<歓び>
・大好きな人とおいしいものを食べているとき
・思いっきり歌っているとき
・

「怒り」「悲しみ」「嫉妬」「虚しさ」「不安」「心地よさ」「歓び」の7つの感情について、それぞれ新しい書き込みシートを用意します。その感情がどこからくるのかを深掘りし、思いつくままに書いていきましょう。さらに、出てきた答えに対して、それが自分に合う価値観なのか、他人から刷り込まれた手放したい価値観なのかを見極めていきます。

※「自分に合わない価値観」はP110〜111「訣別の儀式」で手放しましょう!

# 2 魂の望みを書き出すページ

私のことを
大切に思って
くれる人と
一緒にいたい

家族と
心から
リラックスできる
家で暮らしたい

①を書き進めていく過程で気づいた「自分に合っている価値観」こそが、あなたの魂の望みになります。1枚の書き込みシートに1つの「魂の望み」を書いていきましょう。パラパラと眺めるだけで、自分の進むべき方向を確認することができます。

このページは、今の等身大のあなたの「魂の望み」が確認できるのがポイント。魂の望みは、その時々で変化していくものです。古いと感じる望みはファイルから外していきましょう。

作り方はこの通りでなくてもOKです。
自分だけの「魂の望みファイル」を作りましょう！

# 6章

# 次から次へと望みを叶えるコツ

## ——やがて来る「転換点」で大躍進するために

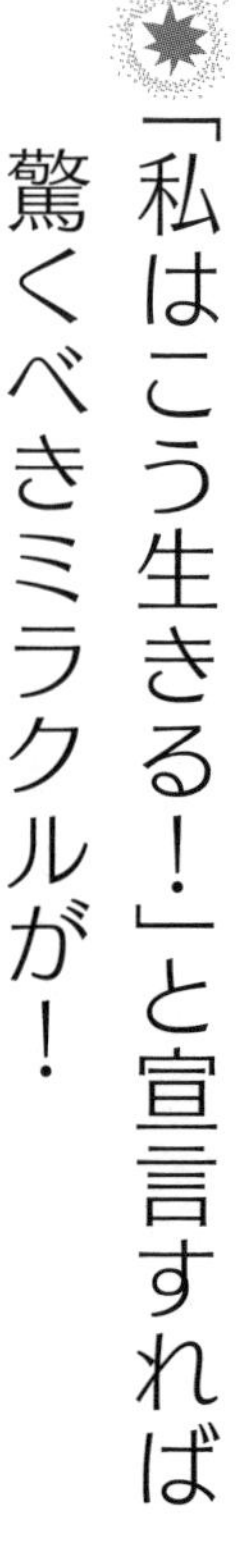

# 「私はこう生きる！」と宣言すれば驚くべきミラクルが！

ここまでで、あなたにとっての「魂の望み」が見えてきたはずです。

どんな環境で、どんな人間関係で、どんな生活パターンで、どんなライフワークをするのか。

それが見えてきたら、

**「私はそういう人生を生きます！」**

**と宇宙に向かって宣言してください。**

これは願い事ではありません。

今まで、自分にはそんな生き方ができるわけがないし、そんな能力も資格もないと思ってきたけれど、そんな遠慮はやめる。私はそれを生きていいし、それだけの価値もあると認めます、という宣言です。

## 小手先のテクニック不要！　人生が楽に展開する方法

魂の望みは「宇宙の望み」でもあると、最初の章でお話ししましたよね。

**魂の望みを生きると明確に宣言するとき、宇宙の周波数とピッタリ同調**するようになります。

そうすれば、小手先のテクニックでどうにかしようとしなくても、宇宙の流れに乗って、楽に進んでいけるようになります。

あなたがどこまでも開かれ、満たされることを宇宙も望んでいますし、望んでいるからこそ、想像を超えるようなサポートを次々繰り出します。本当は望んでもいないことを一人で必死に頑張っていた頃とは比べ物にならないほど、楽に展開するようになります。

ですから、**「これからは自分の魂の望みを生きるのだ！」と、強く強く決意して**くださ い。

そしてどんな驚くべきラッキーやミラクルがやってきても、たじろがずに、堂々と受け取ること。

それを受け止められるだけの力が付くように、これから先は宇宙があなたをガンガン導いていきます。

一体どこに向かって導いているのか、人間には理解できないこともあります。それでも、その導きに従うことが大事です。

# 宇宙と「周波数」が合うと直感が冴えまくる！

何度も言うように、宇宙はあなたのことを宇宙の最高傑作として生み出し、ありのままで完全だと思っています。

ですからあなたも、自分のことをありのままで完全で、生まれながらにして素晴らしい存在なのだと思ってください。3章でお伝えした「自分にたっぷりと愛を注ぐワーク」も、引き続きやってください。毎日することで、自分には何も足りないところなどないという真実が確実に浸透していきます。

そうすれば**宇宙の周波数と同調し続けられる**ようになります。周波数が同調すれば、まず**宇宙からのラッキーやミラクルが入りやすくなる**でしょう。それだけでなく、**次にどんなことをすればいいのかというアイデアも、直感を通して、どんどん**

**降りてくる**ようになります。

## 「無限の叡智」の宝庫につながるパスワード

宇宙とは、無限の叡智です。私たちがあずかり知らないことも知っていますし、現在の科学を超えた叡智も持っています。それらの無限の叡智の宝庫とつながるようになり、必要な情報が必要なときに取り出せるようになってきます。

何かを表現するときも、そこに宇宙の叡智が流れ込み、一人の人間を超えた力がはたらくようになってきます。そうなると当然パフォーマンスも上がり、たくさんの人に歓びや感動を与えられるようになってきます。

これからは「自分一人でやっているわけではない」と思ってください。

**宇宙とともに、創造していっている。**そう思っていいのです。

そのためにも基本中の基本である、ありのままの自分を愛するということを、日常的な習慣にしていってください。

# 「とにかく、やってみる」と道が開けてくる

魂の望みが何なのかわかっても、いきなりすべてを実現できないかもしれません。

たとえば、フリーランスのスタイルが自分に合っているとわかっても、任されているプロジェクトがあって、すぐには会社を辞められないかもしれませんよね。

もしそうだとしたら、今の仕事環境の中で、できるだけ自分に自由度を与えるようにします。やりたくないけれど優先順位の高い順に仕事をするのではなく、期日に間に合う範囲でやりたい順に仕事をしたり、自分が苦手とすることは人に頼んでみたりするのもいいと思います。


**とにかく、できることがあるなら、やってみる。**

それから家の中の環境なら、すぐにでも手を付けられますよね。今できる範囲で、できるだけ心地よくいられるようにレイアウトを替えたり、食器を替えたり、できることがあるはずです。

フリータイムにやってみたいことだって、次の休日にやってみればいいんです。小さなことでいいから、自分の人生が魂の望み通りになるように、毎日行動し続けることが大事です。

**その延長線上に、大きな転換点がやってきて、そこから魂の望み通りに生きる人生が始まります。**

## 大切なのは「エネルギーを動かす」こと

もちろん、大きなことでも勇気を持って行動に移せるなら、やったほうがいいです。大きくエネルギーを動かせば、その分、流れも大きく変わります。やったことが直接影響を与えるというよりも、どれだけエネルギーが動いたかが問題なんです。

人はすぐにやったことに対する見返りを期待しますが、そこにとらわれる必要はありません。

宇宙はエネルギーが動いた分、それに見合った次の展開を用意しています。

たとえば、ミュージシャンが、あるオーディションに行ったとします。

その日はそこで落とされたけれど、次の日に路上ライブをやっていたら、突然、音楽プロダクションの人に声を掛けられた、みたいなことが起こったりするのです。

ですから、とにかく**結果にとらわれず、できることをし続ける**ことが大切なんです。

# うれしいミラクルを起こすのに必要な「瞬発力」

**宇宙の周波数と同調するようになると、直感が冴え渡ってきます。**次にどうなるのか展開が読めたり、どっちを選択すればいいのかがわかったりします。

それだけなく、なんでそんなことをする必要があるのかよくわからないけれど、なんとなくこれをしたほうがいいとピンとくることがあります。

そんなふうにピンときたら、即行動すること。

頭で「これをやってどうなるか」などと考え始めると、だいたい「そんなことをやっても無駄」という結論に至り、せっかくの宇宙の導きを棒に振ることになってしまいます。

宇宙は人知を超えた無限の叡智です。私たち人間には見えていないことも、宇宙にはすべてお見通しです。その宇宙が「こっちだよ」と導いているなら、それは「そっちに行ったほうがいい」ということなんです。

## 「直感」には従っておいて損はない

以前、私はラジオの番組を持ちたいと思ったことがありました。もし番組を持ったら、こんな構成で話したいなと漠然と考えていました。

するとあるとき、近所の地域FM局の前を車で通ったら、宇宙から「企画書を作っておけ」という声が聞こえてきました。

企画書を作ったところで、それが本当に実現するわけでもないのに、なんで企画書なんて作る必要があるんだろうと一瞬思いました。でも宇宙がそう言うなら考えておこうと、実際に、番組の構成をもっと具体的に考えました。

すると、それから1カ月もしないうちに、私の個人セッションを受けに来た人の一人が、そのラジオ局のパーソナリティをしている人だったのです。その人に、自分のラジオ番組を持ちたいと言ったところ、「じゃあ企画書を出してください」と言われたのです。

もちろん企画書はできていましたから、早速提出したところ、あっという間に制作会議に通り、本当にエフエム熱海湯河原というコミュニティFMで9年間も番組を持つことになりました。

ですから、**もしも宇宙の導きだと感じることがあったら、迷わず行動に移すこと**です。そうすれば、ますます自分の望みを生きられるようになります。

# いつも「進化＆発展していける人」の生き方

自分の望みを生きるとは、「宇宙の望み」を生きることでもあると、これまでにも何度もお伝えしてきました。そして宇宙とは人知を超えた無限の叡智であり、私たち人間が見通せないことまでもすべて見通しているということもお話ししましたよね。

**私たちが「魂の望み」を生き、さらにそれを進化させ、長く安定的に発展していけるように、宇宙は常に導いてくれています。**その導きの中には、なんでこういう経験をさせるのだろうかと反発したくなるようなこともあります。

たとえば、この人となら一緒に仕事ができるかもしれないと思っていた人が、実はただあなたを利用したいだけの人物だったことが後からわかり、ガッカリしたとします。

「なんでこんな人と出会わせたのだろう」と、宇宙を恨みたくなるかもしれません。でも、これによって、実は人を見るときに、肩書きや知名度にとらわれていて、人物そのものを見ていなかったことに気づかされ、信頼できる人間関係を築く大きな学びになるということもあるのです。

## 宇宙の「スケールの大きさ」に身をゆだねる

こういうことであれば、なぜそんな経験をしたかがすぐにわかるかもしれません。ですが、ときにはなんでこんな経験をしたのか、後になってもさっぱりわからないこともあります。

経験したことにどんな意味があるのかを知ろうとしても、私たちにはわからないこともあるのです。そこにいちいち引っかかって、なぜだろうと考えて納得するまで前に進まなくなってしまうと、エネルギーが滞ってしまいます。

だから、**「私たちには、すべてのことがわかるわけではないんだ」と受け容れること**。

そして、どんなふうに見えていたとしても、それでも宇宙は私たちを愛し導いているのだと信頼することです。

そうすれば、宇宙はますます恩寵を注ぎやすくなります。

# 7章

# 人生に「快進撃」を起こし続ける！

## ――いざ、魂が「YES」というほうへ

# 「快適ライフ」の追求は開運に直結！

ここまで「魂の望み」に気づき、遠慮なく宇宙の恩寵を受け取って、望みを叶えるコツをお話ししてきました。最後にお伝えしたいのが、**人生にミラクルを起こし続けるために心がけてほしいこと**です。

心の底から望む生き方をするということは、自分が本当に能力を発揮しやすい環境を自分に与えるということです。そして、それは一度与えて終わりなのではなく、継続していくことが大切です。

**やりたいことが軌道に乗りだしてからも、快適な環境を与え続けることに妥協しないでください。**

お金が入って、買いたいものが買えるようになったとしても、ただただ高価なブランド物を揃えることにお金を使うのではなく、あなたにとってより快適な環境を与えることにお金を使うことです。

たとえば毎日仕事で使っているパソコンやプリンター、ファックスなどを、効率を上げるために高機能なものにするとか、部屋でくつろぎの時間を過ごすソファーを座り心地のいいものに替えるとか、あるいは、さらに大きな魂の望みを生きるために新しいことを学ぶとか。

**快適であることを追求し続けていくことで、さらに大きな望みも実現していきます。**

## 「人生トントン拍子」のときにこそ実践したいこと

「魂の望み」に気づき、行動し始めると、そのエネルギーがまわりにも広がっていきます。世間から注目され、売れるようになってくると、それだけ仕事の依頼も増えてくるでしょう。ですが、そこであなたの魂の望みである生活スタイルを崩さないことです。

週に3日は自由な時間があることが魂の望みなら、仕事を減らしたり、断ったりしてでも、その快適な環境をキープするべきです。そこを妥協して、相手のペースで仕事をすることになってしまうと、パフォーマンスも落ちますし、結果的に長く発展し続けられなくなってきます。

私がこの仕事を始めて時間的に一番忙しかったのは、2年目です。でも、今はその頃の5分の1程度の時間しか働いていませんが、収入は数倍になりました。

忙しくなってきたときこそ、自分にとって何が大事なことなのか見失わないこと。そしてどんなときも、この環境で自分は果たして快適な状態なのか、よく吟味し、そのときできることがあるなら、少しでも快適な状態にすることが大事です。

# 「インプット」と「アウトプット」は超大事

「魂の望み」を具現化するにあたり、とにかくいろんなことを学ぶ「インプット」に偏ってしまう人と、とにかく外に向かって表現する「アウトプット」に偏ってしまう人がいます。

**自分はどちらの傾向があるのか、客観的に把握しておく**必要があります。

たとえば、インプット型の人。何かを学ぶことが歓びだったとしても、そればかりで学んだことを外に向かってアウトプットしていかないと、エネルギーが回転しなくなってきます。

エネルギーが回転しなくなると、このタイプの人は、もっと勉強しないといけないと勘違いしてしまうのです。そして、ますますインプットすることに熱中し、エネルギーが回らなくなります。

ですから、何かを学んだら、それを外に向かってアウトプットすることを忘れないようにしましょう。

逆にアウトプット型の人は、インプットをあまりせずに、とにかく外に向かってアウトプットし続けてしまうので、エネルギーがどんどん枯渇状態になってきます。

そうなると、アウトプットしたくても何も出てこなくなり、パフォーマンスも落ちてきます。

ですから新しい刺激を受けたり、何か興味のあることを学んだり、今まで会ったことのない人に会ってみたり、やったことのないことをやってみたりすること。

インプットも心掛けるようにすることで、いつも素晴らしいアウトプットができるようになります。

## 「どっちかだけ」では、ダメなんです

**息を吸うことと吐くこと、両方があるから生命も維持されていますよね。**どっちかだけなら数分もしないうちに死んでしまうでしょう。

**両方あるということも「宇宙の法則」なんです。**

ですから、魂の望みを生きるときにも、「インプット」と「アウトプット」の両方のバランスを取ることができれば、長く安定的に発展していくことができるのです。

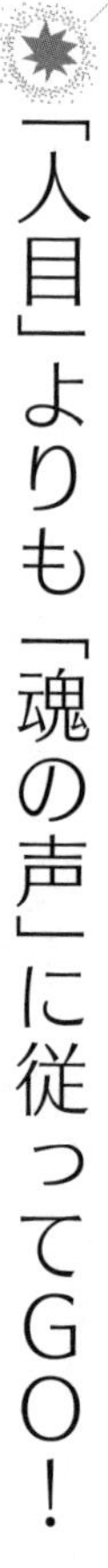

# 「人目」よりも「魂の声」に従ってGO！

他人の価値観を生きていたときは、人生もうまくいきませんでしたよね。

だけど自分の「魂の望み」を生きたら、それが「宇宙の望み」でもあるからこそ、流れに乗ってスムーズに展開するようになるんでしたよね。

ですからこの先も、何かを決めるときは、人にどう思われるかとか、世間では何が流行っているかではなく、**あなたの魂がどう感じるのかを基準にしてください。**


たとえみんながやっていることでも、**魂がＮＯならやらない。**

たとえみんながやっていないことでも、**魂がＹＥＳなら堂々とやる。**

こんな申し出を断ったら相手に申し訳ないと思って、無理に承諾したりしない。それをすることを魂が望んでいないなら、丁重にお断りしていいんです。

## 「魂が響き合う人」との関係こそ至宝

人付き合いもそうです。

「この人と付き合っておけば、後々有利になるかも……」といった損得勘定では付き合わない。この人と一緒にいるときに魂が歓ぶかどうかを基準にする。どんなに有名な人だろうと、権威ある人であろうと、魂に響かない人とは会う必要はありません。

逆に、どんなに無名の人であっても、話していて魂が響き合うなら、その人はあなたにとって、とても大事な人です。その人との関係を大事にしてください。

**あなたの生き方は、人目を気にして生きている人とは違う生き方です。**ですからときには人から、とがめられたり批判されたりすることもあるかもしれません。

でも本当はみんな、自分の魂に従って自由に生きたいんです。だから批判する人もいる一方で、そんなあなたにたくさんの人が魅力を感じて引き付けられるでしょう。

もう、人にどう思われるかビクビクしながら生きることは卒業したんです。

魂に導かれるままに、力強くあなたの道を進んでください。

# 「最高のリラックス」を自分にプレゼント

本当の望みを生きるようになると、結果的にあなたはたくさんの人に注目され、必要とされるようになるでしょう。すると当然のことながら、仕事の依頼も多くなり、忙しくなってきます。

先ほどもお話ししたように、自分の能力をのびのび発揮できる仕事のペースを崩さないように、時間的なゆとりを持つことは言うまでもなく大事なことです。

もうひとつ大事なことは、**自分に合ったリラックス方法を知る**ことです。

どういうことをすれば、一番自分がリラックスでき、リフレッシュできるのか、そのこともよく知っておきましょう。

## 「リフレッシュの達人」は仕事のパフォーマンスも上々！

気の置けない友人と、お酒を飲みながら歓談するとリラックスできるという人もいるでしょう。

一人旅に出て、一流ホテルで最高のおもてなしを受けるとリラックスできる人もいるでしょう。

大好きなお好み焼きを自分で作って食べると幸せいっぱいでリラックスするという人もいるでしょう。

実は、何が自分を本当にリラックスさせるのか、わかっているようでわかっていないところも往々にしてあります。今までやってきたリラックス方法が、本当に自分をリラックスさせていたのか、一度よく見直してみたほうがいいかもしれません。

たとえば、ソファーでくつろぐことひとつをとっても、どういう姿勢が一番くつろげるのか、クッションをどこに入れるとよりリラックスできるのか、といったことにちょっと気を配るだけで、全然リラックス度が違ったりします。

大好きなコーヒーを飲んでいるときにくつろぎを感じるなら、コーヒー豆の種類や淹れ方、カップなどにもちょっとこだわってみるのもいいですね。

大事な自分が、いつも最高のパフォーマンスで仕事ができるように、リラックスする時間の過ごし方にも大いにこだわり、**最高の休養を自分に与えてあげる**ようにしましょう。

おわりに

# 幸せは、どこまでも拡大していく

最後に、あなたが「魂の望み」に従って、安定的に発展し、幸せであり続けるために、とても大事なふたつのことをお伝えしておきます。

ひとつめは、**うまくいくようになったとしても、そこに安住せず、常に発展していくこと**です。

地球は今も自転していますよね。その速度は、赤道付近では時速約１７００kmにも及びます。新幹線のおよそ6倍もの早さ。まさに目にもとまらぬ速さです。それだけの速さで自転しながら、太陽の周りをさらに高速の時速約10万７２８０kmで公転しているそうです。

宇宙は、こんなふうに常に恐るべき速さで動き、拡大し続けています。私たちが本質的には宇宙とひとつであるのだとしたら、私たちも常に発展し拡大していくのがその本質だと思います。

ですから、魂の望みも変わらないものではなく、常に発展していくのが自然の流れなのです。

ひとつのことをやって、それがうまくいったとしても、そこに安住し続けず、**さらに大きな魂の望みを生き続けること**で、幸運の流れに乗り続けていくことができます。

ですから、**常に挑戦者であり続けること**。守りに入って同じことを繰り返したり、人がやったことをなぞったりするだけではいないこと。

むしろ人がやったことのない新しいことや、奇想天外なことでも、それが魂の本当の望みであるならば、ひるまず挑んでいくのです。

人類の新しい歴史を、あなたが開いていくくらいの気概を持ってください。

あなたにそれだけの強い意志と決意があれば、宇宙はそれに向かってちゃんと導いてくれます。

小さかった望みは、こうしてどんどん大きく、崇高(すうこう)な望みに発展していきます。

そしてあなたの人生も、望みとともに、どこまでも発展し続けていきます。


ふたつめは、**「私たちがそもそも宇宙とひとつの無限なる存在であることを思い出し、魂の望みに従って生きる」という『風の時代』の生き方」には、これからますます追い風が吹くということ。**


この流れは、もう後戻りできません。

もう、他の人の価値観に従う生き方は崩壊していくということです。

今、日本では高度経済成長時代よりも、格差が広がっていると言われています。

日本だけでなく、欧米社会でも格差が広がっています。世界的に見ても、経済的に豊かな国と、そうではない国との格差が開いています。

なぜ、そういうことが起こっているのか……。

それは、自分に価値がないと思い、他の人に認められることを基準にする生き方がこれ以上進まないよう、その生き方が機能しなくなるよう導いているからです。

古い生き方をしている人には一見、酷なように見えますが、本当は早くその生き方をやめざるを得ないようにサポートしているわけです。

私がこのタイミングでこの本を出そうと思ったのも、その〝目覚め〟を促進させたいと思ったからでもあります。

逆に言うと、**その流れに乗ってしまえば、これまでにないほど早い展開で楽に幸せになれる時代が来ている**わけですから、ありがたい流れでもあるのです。


あなたは決して一人ではありません。

どんなときも無限の宇宙があなたを応援しています。

その愛を遠慮なく受け取り、どこまでも幸せになってください。

そして、自分史上最高の人生をどんどん更新していってください。

大木ゆきの

本書は、マガジンハウスより刊行された『魂の望みは、叶うようにできている』を、
文庫収録にあたり加筆・改筆・再編集のうえ、改題したものです。

# 宇宙(うちゅう)におまかせで願(ねが)いを叶(かな)える本(ほん)

著者　大木ゆきの（おおき・ゆきの）
発行者　押鐘太陽
発行所　株式会社三笠書房
〒102-0072 東京都千代田区飯田橋3-3-1
電話　03-5226-5734（営業部）03-5226-5731（編集部）
https://www.mikasashobo.co.jp
印刷　誠宏印刷
製本　ナショナル製本


 ISBN978-4-8379-3076-1 C0130

王様文庫

## 龍神のすごい浄化術

SHINGO

龍神と仲良くなると、運気は爆上がり！ お金、仕事、人間関係……全部うまくいく龍神の浄化術を大公開。◎目が覚めたらすぐ、布団の中で龍にお願い！ ◎考えすぎたときは、ドラゴンダンス！ ◎龍の置物や絵に手を合わせて感謝する……☆最強浄化パワー、龍のお守りカード付き！

## 週末朝活

池田千恵

「なんでもできる朝」って、こんなにおもしろい！ ○「朝一番のカフェ」の最高活用法 ○今まで感じたことがない「リフレッシュ」 ○「できたらいいな」リスト……週末なら、時間も行動も、もっと自由に組み立てられる。心と体に「余白」が生まれる59の提案。

## 「運のいい人」は手放すのがうまい

大木ゆきの

こだわりを上手に手放してスパーンと開運していくコツを「宇宙におまかせナビゲーター」が伝授！ ◎心がときめいた瞬間、宇宙から幸運が流れ込む ◎「思い切って動く」とエネルギーが好循環……心から楽しいことをするだけで、想像以上のミラクルがやってくる！

K30651